子どもを「分けない」学校

――「ともに学び、ともに生きる」豊中のインクルーシブ教育

倒

教育開発研究所

はじめに

私は大阪府豊中市にある南桜塚小学校の校長をつとめています。校長室には授業中でもさまざまな子どもたちがやってきます。教室に入りにくい子どもたちや、学校に来ることが困難な子どもたちが、何とか今日は来ることができ、それぞれの時間を過ごしています。

2時間目の後の20分休みや昼休みになると、20人を越える子どもたちがやってきてごった返すこともあります。絵を描いたり工作をしたり本を読んだり、床でかるたをし、テーブルではジャムのふたでおはじきも始まります。ソファで横になり背伸びをしている子もいます。

そのなかで、一人じっとウーパールーパーの「しろ丸」を見つめている子がいました。しろ丸は水槽のなかにあるトンネルに身を隠してじっとしていて、体の一部が見えている状態です。その子は「しろ丸も一人になりたいとき、あるんやね」としろ丸に語りかけました。今の自分と重ねているのでしょうか。「しろ丸」とお話をしているひとときが、この子にとってとても大事な時間に思えました。

授業中に1年生のふうまが校長室に入ってきました。音に敏感で、とくに鼻歌や独り言が聞えてくるとダメなのです。

「今日も教室にいるのがしんどいか。そうか、まあソファでゆっくりし。担任の先生はここに来てること知ってるか」と聞くと、1枚のカードを差し出しました。見ると、「校長室に行っていいカード」です。担任も工夫をして、ふうまが校長室に行くことを担任は知っていますよと、カードを使って私に伝えてくれていることがわかりました。

「やるなあ」と思いながらカードをよく見ると、そこに「15分間」と書いてあります。ふうまに「15分で教室に戻ろうという気持ちになるかあ」と聞いてみました。すると「わからない」と言います。てっきり「ならない」と言うと思っていた私は、「そう、わからないよな。5分で戻ろうという気持ちになるかもしれんし、3時間かかるかもわからない。今日は無理となるかもわからないし、そんなこと担任の先生に決められたくないよな」と熱弁をふるう私を、ふうまは不思議そうに見ていました。

そこで私は、「ふうまちゃんの心を決めるのは誰かなあ」と聞いてみました。すると、ふうまは「心は自分がきめる」とキッパリと言いました。1年生からこんな言葉が出てきたのです。「これはすごいぞ」と思い、すぐにパソコンで「こころはじぶんがきめる」と打ち、ふうまの名前も入れて校長室の目立つところに貼りました。

「いい言葉」を言ってやろうなんて気持ちは子どもには絶対にありません。何の準備もしていないところから出てくる言葉に力を感じるし、これがいいのです。

3年になったふうまは、20分休憩でときどき校長室のソファに寝転ぶことはありますが、ほとんどの時間を教室で過ごしています。

コロナ禍明けのことです。職員玄関で親子が立っています。子どもの様子からは、見るからに教室に入るのがしんどいであろうことがわかります。「校長室で休憩する？」と聞くと、はっきりとうなずいたので、校長室に「どうぞ」と招きました。すると母親は「よろしくお願いします」と帰ってしまいました。

私は一斉休校のときに南桜塚小学校に赴任したので、子どもの学年も名前もわかりません。母親も一緒に来るものだと思っていたので、子どもとソファに座り、向き合って、何を話そうかと困りました。名前を聞かないといけないと思いつつ、でも自分のつとめる学校の子どもに名前を聞くのは失礼だと思い直し、聞けなくなってしまいました。

そこで「長い間学校休みやったけど、どんな気持ちやった」と聞いてみました。

するとその子は、しばらく考えてから小さな声で「楽やった」と答えたのです。「なんで楽やった」と聞くと、「みんな学校行ってなかったもん」と答えました。それからゆっくりと気持ちを語ってくれました。コロナ禍前の学校に行けない日、家で時間割を見ながら、今の図工の時間はみんな何をつくっているのか、運動会が近づいてくるとダンスの練習をしているのかなどと、ずっと学校のことが気になって考えていたそうです。自分でも学校に行けない理由や、教室に入りにくい理由をうまく説明できないようです。学校で嫌なことが起こるわけでもないと言います。

学校に行けない子どもに対して、学校がすべてではない、学校以外の学びの場があると伝えたくなります。ですが子どもは、学校に行けなくても学校のことがずっと気になって、学校が自分にとって大事な場所だと思っているかもしれません。

学校は、けっして命をかけてまで行く場所ではありません。

しかし、私たちは、学校というさまざまな制約のあるなかに子どもを入れようとすることから離れて、この子たちが安心して過ごせる教室とはどんな教室だろう、行ってみてもいいかなと思う学校とはどんな学校だろうと、子どもを主体として考えていきたいと思っています。

きっとそんな学校は、すべての子どもたちにとって、少しは楽に過ごせる学校だと思うのです。

大阪では、特別支援学級とは言いません。「特別」をつけずに「支援学級」と呼んでいます。特別支援教育ではなく「支援教育」、特別支援学校ではなく「支援学校」です。それは、どの子に対しても必要なことをすることは、けっして特別ではないという考えからです。一人ひとりの子どもが、安心して学校生活を送るために、大人が支援するのは当たり前のことです。

そして豊中市では、支援学級に在籍している子どもたちも、通常の学級で過ごしています。支援学級担任は、支援学級で子どもの個別指導をするのではなく、通常の教室に入り込んで、支援学級在籍の子どもを意識しながらも、すべての子どもに必要な支援を行っています。

ともに学ぶ教育のなかで学校生活を送った子どもたちが、今、教職員として豊中で教育に取り組んでいます。小・中学校時代にともに学んできた保護者や地域の方々が、学校を中心として地域で子どもが学び育つ大事さを認識し、学校とともに教育にかかわっています。

1979年夏に完成した映画「たとえば『障害』児教育――豊中の教師と子どもたち」に、障害のある子どもたちが通常の学級で生活している姿を見ることができます。それが当たり前の教育現場でつとめてきた私にとって、豊中の教育を維持・発展させ、すべての子どもたちが安心して学び生活できる学校を創造することが日常の教育活動でした。

長い歴史のなかで、広く「ともに学ぶ教育」が浸透し、けっして特別ではない当たり前の日常として、くり返されてきました。

そんななか、2022年4月28日、いつもと変わらぬ朝を迎え朝刊を眺めていると、『特別支援の児童・生徒授業過半、支援学級で』文科省、全国に通知」(毎日新聞)との見出しが飛び込んできました。いわゆる「4・27文科省通知」です。

「なぜ、今」と驚きながらも、これが現在の文部科学省の考え方であり、学校現場への助言の一つととらえ、教職員には、長い歴史のなかで培ってきた豊中の「ともに学ぶ」教育を、確信をもって進めていこうと話しました。

そして同じ年の9月、国連の障害者権利委員会から日本に対して初の総括所見が出され、障害のある子どもを分けて教育する分離教育を見直し、インクルーシブ教育を実現するための行動計画を作成するよう日本政府に対して勧告が出されました。4・27文科省通知と相まって、とくに日本の障害児教育に注目が集まることとなりました。

この二つの動きにより、豊中の「ともに学ぶ教育」に注目が集まり、視察や取材の依頼がたくさん入るようになりました。50年にわたり、地域の子どもたちが地域の学校で学ぶという、当たり前すぎる教育に取り組んできた私にとって、多少のとまどいを感じながらも対応する日々が続きました。「豊中のインクルーシブ教育」と言われても、「インクルーシブ教育」という言葉自体を使うことがほとんどなかっただけに、違和感を覚えるばかりでした。

しかし、よくよく考えてみると、豊中に初任者として赴任し最初に出会ったのが解放教育①でした。そこには、自らの苦しかった学校生活や日常生活の経験を踏まえ、今を生きるすべての子どもたちが、安心して学ぶことができる学校づくりに夢を託した、地域の方々の熱い思いがあり、それに応えようとする教職員の奮闘がありました。

大人が学ぶ「よみかき・きょうしつ・とよなか」（識字学級）や夜間中学校の存在、豊中の子どもたちの進路を豊中全体で考える豊中市進路保障委員会②の活動、豊中市人権教育研究協議会、豊中市在日外国人教育推進協議会の研究組織の存在は、それぞれが独立して活動しながら、根っこではつながり、豊中の教育を維持・発展させてきたことを考えると、豊中の教育はインクルーシブであると言えると思います。

この間、ネットのニュースやテレビ放送で紹介される機会があり、それを見た多くの個人や団体の訪問を受けてきました。また、２０２４年度に入り、日本各地の保護者からの問い合わせが増えてきました。多くは、その保護者の住む地域で、通常の学級に在籍するか特別支援学級に在籍するかの判断を迫られ、悩み続けているという内容でした。

つまり、通常の学級に在籍すると特別な支援はできない、特別支援学級に在籍すると通常学級における「交流」は限られた時間にとどまるということです。後者は人間関係の成長を望むうえで満足できるものではありません。どのような選択をしても子どもの置かれた状況は苦しくなり、保護者の悩みは深くなっていくのです。

インクルーシブ教育の実践を視察したいという連絡が入るたびに、心のなかで「インクルーシブ教育に取り組んでいるという意識を持ったことはないんやけど……」とつぶやいていました。解放教育を根っことして、さまざまな人権課題に向き合い、議論し、発信し、子どもたちに寄り添ってきたつもりです。それが、インクルーシブ教育なのかもしれないとしだいに考えるようになりました。

ここは、あえて本のタイトルに「インクルーシブ教育」と入れ、新たな一歩を踏み出す決意にしたいと思います。

本書は、40年間の私の経験に基づいて豊中の教育をつづっています。小学生の子どもたちにも読んでほしいという願いを込めました。私にとって強く印象に残っている出来事も、子どもたちの記憶からはきっと消えてしまっていることでしょう。文章をつづっている今も、日々接している子どもたちの姿に感激したり悩んだりをくり返しています。

ときに、一面的な見方で記述したり、私の認識不足もあるかと思います。この点はどうかお許しいただき、子どもたちの日常のさりげない行動や言葉から、豊中の教育の一端を感じていただき、今後の参考となれば幸いです。

なお、姓か名のいずれかの名前で登場する子ども・教職員は仮名です。

〈注〉

①解放教育とは、すべての差別からの解放をめざす、民主的な人間の育成に努める教育のこと。学力保障・進路保障は最も重要な取り組み課題だった。

②中学校卒業生の急増、高校受験の過熱、高校選抜制度などの課題に対応するため、豊中市教

職員組合は進路保障の取り組みを推進する組織づくりを提起し、１９７１年12月に中学校校長会・豊中市教育委員会とともに発足させた。

目次

はじめに　3

第1章　南桜塚小学校の日々①

初日、自分の名前を点字で打つ　18
「そら、友だちやん」　21
子どもたちはお互いを知っている　22
校長室は「みんなの部屋」　24
かなたのやりたいことと、大人の考える安全　25
学校で必要なものは一人ひとり違う　26
お客さんに見せるゴキブリ　28
わかりきったことのくりかえしでしんどいねん　30
小学校には自由がない　32
すべての教職員がすべての子どもの担当　33
子どもが教職員を歓迎！　36
苦しんでいる一人に焦点を当てる　38
忙しい子どもたち　40
授業ついていってますか？　43
「ともに学ぶ」教育の源流　44

第2章　私が見てきた豊中の教育

安心して子どもとして生きることができた時代　52
ともに生きていた　53
お前らやる気あるんか！　56
先生という職業へのあこがれ　60
夕日がきれいなー　61
あんたは何もわかってない。あかんわ。　62
娘やるから持って帰れと言われても　65
やっぱり卒業したらあかんねんな　69
「若者の集い」での出会い　71
仲間と一緒に高校へ行きたい　74

みんなと地元の高校行きたいんや　76
教職員が議論し意見をぶつけ合うなかで　79
押し寄せる新たな施策で息がつまる学校　82
初めての転勤　84
机の上にいきなり足が　85
一番腹立つのは無視されること　87
先生は私のこと見ていなかった　90
静かな学校　91
私、それでもうれしかったよ　92
10時や10時や！　96
ゆっくりしたい　98
今、うちの店で魚見てるわ　99
指導主事としての限界を感じながら　100
小学校の校長として　104
校区にぽかぽかな施設がひとつ増える　105
さむくない？　109
子どもは大変だ　111
人間として子どもと向き合う　112
この太鼓は宝物や　114
あ！　ママや！　116

第3章　南桜塚小学校の日々②

入学を望むすべての子どもを拒否しない　120
支援学級担任は「かかわりすぎない」　124
支援学級担任の「入り込み」　125
「おたすけ先生」　127
『にんげん』教材の果たした役割　131
全国から寄せられた声　132
子どもに条件をつけない　134
教職員抜きでは変わらない　137
「ともに学ぶ」教育のなかで育った鍛治克哉さん　138
規則はつくらず、そのつど悩み、考える　141
いろいろな食事のとり方　143

寄せられた就学相談のなかから①
――パンフレットをいただけますか　144
寄せられた就学相談のなかから②
――迷っているんです　148
寄せられた就学相談のなかから③
――「交流」で置いていかれる　151
寄せられた就学相談のなかから④
――2歳児の保護者からの相談　152
沖縄の「ともに学ぶ教育」　153
原学級保障をめざして　155
すべての子どもに選択肢を　157
子どもたちの心をつなぐ　159
平均点は気にならないのですか　162
校区まるごと学びの場構想　163
「豊中型学びの多様化学校」への期待　166
学校を中心として地域で子どもを育てる　167
「ともに生きる」ために　171
当たり前を当たり前にやる教育　173

第4章　地域で生きる

卒業後の進路　178
ゆっくりしておいで　180
法学部めざしてるんです　181
教職員のあきらめない行動　182
外国籍の子どもの学ぶ権利　183
放課後の通級指導教室　185
能力主義と向き合う
――豊中市人権教育研究協議会　189
ただ一緒に遊ぶ
――サークルひこうきぐも　191
避難所開設研修会にて　194
保護者の意向を最大限尊重する行政の責任　196

第5章 すべての人の学びを保障する——夜間中学校

北摂でただ一つの夜間中学校 200
先生はええな 201
修学旅行は行きたない 203
最後の学ぶ機会であったのに 204
わたしバカにされたくないんです 205
どうせあかんねやろう 206
もっと夜間中学の存在を知ってもらわな 209

資料編●豊中の障害児教育の歴史

就学猶予・免除となっている子どもの存在 212
重度重複身体障害児学級「ひろがり学級」の設置 214
養護学校義務化への反対運動 216
記録映画「たとえば『障害』児教育——豊中の教師と子どもたち」 218
豊中市障害児教育基本方針の制定 219
「ともに学ぶ」の現実を問う声 220
特別支援教育、そして4・27文科省通知 221
2022年の国連勧告 222
豊中で「通級指導教室」が設置 223

おわりに 226

参考文献 230

第1章
南桜塚小学校の日々①

初日、自分の名前を点字で打つ

「はじめに」に書いたとおり、私は新型コロナウイルス感染症感染拡大防止のため全国の学校が一斉休校となっていた2020年4月、南桜塚小学校に赴任してきました。前任校の子どもたちに「さようなら」と言うこともなく、着任して「よろしくお願いします」と言うこともなく、あわただしい日々が始まりました。

赴任初日、支援教育コーディネーターから「2020年度　新転任のみなさま　南桜塚小学校へようこそ」と表書きのある封筒を渡されました。封筒のなかには横長のケースが入っています。

私は筆記用具が入っているのかと思ったのですが、そこに入っていたのは歓迎のことばが書いてある手紙と「点字シール作成手順」「点字一覧表」「簡易点字盤」でした。転入してきた職員は自分の名前をシールに打って名札に貼ってください、ということです。初日から障害児教育に対する南桜塚小学校の姿勢を知り、気持ちが引き締まる思いで新しい学校での1日目がスタートしました。

まだ休校が続く4月中旬、子どもや保護者から「授業がなくても早く教科書が欲しい」という声が届くようになりました。郵送でとも考えたのですが、けっこうな費用がかかります。そこで、学年ごとに時間をずらして、保護者に体育館に教科書をとりにきてもらうかたちで配付を始めました。

とりにくることができなかった家庭が20件ほどあったので、台車に教科書を乗せて届けることにしました。学校には子どもがいないので、私たちには一軒一軒家庭を回って教科書を配る時間がたっぷり

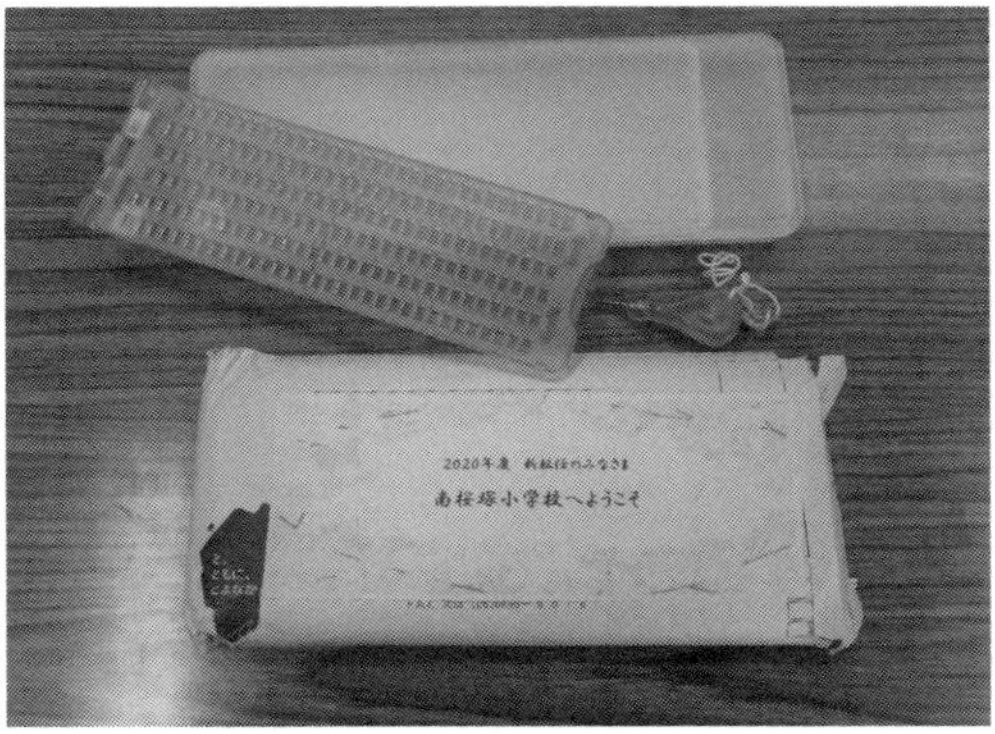

最初の歓迎は点字盤

あったのです。

　初めての学校で、人間関係のない私にとって、結果的にこれがとてもよかったのです。距離をとりながらも保護者とあいさつを交わすことができ、限られた人数とはいえ子どもたちにも出会うことができました。

　人と会うことを避ける社会状況のなか、距離をとって感染の警戒をしながらですが、お互いにとてもうれしそうな表情をしていたと思います。外出さえはばかられるなかですが、人との出会いをとても欲していたように思います。

　その後、3分の1ずつに分かれての分散登校が始まりました。1クラス11～13人で行われる授業は、子どもたちの状況をしっかりと把握できましたが、子どもと担任お互いの言動が見えすぎて、やや疲れぎみの日々が続きました。

　やがて2分の1登校になっていったのですが、3分の1登校を経験しているだけに、17～19人の人数だと多く感じました。ですが、20人学級に当たるこの人数は、子どもの姿がよく見えますが、他方で3分の1登校のときよりもお互いに「見られている」という意識も薄く、授業をするうえで最もやりやすいと多くの担任の声を聞きました。

　これまで当たり前であった全員登校に戻った日には、教室いっぱいの子どもたちの姿を見て、「よくこの人数でこれまでやってきたものだ」と感心してしまいました。私たちはこの時期に、20人学級でこれまで以上におだやかに、安心して学ぶことができる学校生活を知ってしまったのです。

「そら、友だちやん」

私が赴任した当初、教室に入ることができない児童が8人いました。８人の子どもたちにとっては保健室が学校生活の救いとなり、それで何とか学校に来ることができていました。

ですが、８人の子どもが保健室にいると、体調をくずした子どもたちが保健室に入りにくくなります。廊下で体温を測っている光景が気になりました。そこで、新年度に向けて保健室以外の居場所となる部屋を一つ確保し、部屋のレイアウトも8人でやろうと提案しました。子どもたちもその気になり、準備した机・椅子やパーテーションなどの配置を考え、床には連結式のマットを敷くなど、この作業自体とても楽しい時間であったようです。

しかし、新年度から8人全員がそろってこの部屋を使うことはありませんでした。

そのうちの3人は、教室で新たな学校生活を始めました。なぜ教室にいられるのかと聞きますと、３人とも「そら、友だちやん」と返してきました。クラス替えについては相当な配慮はしていますが、人間関係というのはこんなにも影響が大きいのです。

あとの5人は、新しい部屋と校長室を使いながら、給食などを届けてくれるクラスの仲間とともに教室に入ることもありました。なにごともゆっくりゆっくりです。

よく校長室に来るかなは、授業が始まるチャイムがなってもなかなか教室に戻りません。いったんは一緒に廊下に出てもすぐに戻ってお絵描きが始まります。

そんなことを何度かくり返していると、担任の先生が呼びにきます。すると手をつないで笑顔で教室に向かっていきます。先生が呼びに来てくれるとわかっているのです。かなにとって、最初から教室にいるというのはおもしろくないのです。

わがままに見えるこのようなやりとりも、子どもにとってどれほど豊かな時間であることか。校長室から教室まで、大好きな先生が自分だけの先生になるのですから。そして、教室には当たり前にたくさんのお友だちがいるのですから。

子どもたちはお互いを知っている

一斉休校が開けて、やっと学校で子どもたちに出会えてからは、私の存在を知らせるために、意識的に教室に入り、子どもたちに声をかけ、廊下を歩きながらあいさつをし、言葉を交わしました。

とくに全盲の子どもや医療的ケアを受けている子どものことは、その子たちがどんな学校生活を送っているのかを知るためにも意識しながら各教室を回っていました。

授業が終わった後の清掃時間、ふと、車イスに乗っている4年生のしゅうじがこの掃除の時間にどこでどのように過ごしているのかが気になりました。教室に行ってみると、なんとしゅうじは車イスから降りて雑巾で床をふいています。

私は「なんということをさせているんだ！」と心のなかで叫び、声が出そうになったとき、近くにいた子が「しゅうちゃん、端までふきや」と言ったのです。しゅうじは膝をついて、少しずつ進みながら床をふいているところだったのです。

すでに子どもたちの多くは、幼稚園や保育園・こども園等で「障害」のある子どもとともに日常生活を送っており、お互いに何ができるか・できないかをよく知っています。もちろん、できることは自分でやるけれども、できないことは頼むことができる人間関係のなかで日常生活を送っていたのです。

この光景を見て、私は「すでに就学前に、ともに育ちお互いに頼れる人間関係を築いている子どもたちを、小学校で分離したり、こうであらねばならないという枠のなかで、息のつまりそうになる学校に押し込めてはならない」と強く思いました。

校長室は「みんなの部屋」

私は前任校では、授業中興奮して収まらなくなったり、授業から抜け出す子どもの休憩する場所として校長室を使っていました。南桜塚小学校に赴任し、やはり校長室を支援学級在籍の子どもや、教室に入りにくい子どもたちが休憩できる場所として考えていました。

ある日、「しろ丸に会いに来ました」と、校長室に入ってくる子どもがいました。その後、何人もやって来るようになりました。「しろ丸」は、校長室の水槽にいるウーパールーパーです。カタツムリの「つむりくん」もいます。校長室のそとに「ウーパールーパーのしろ丸とかたつむりのつむりがいます。だいじにしてください」と貼っていたのを見て、会いに来てくれた子どもたちです。

最初は校長室は特別なところ、心がしんどくなったら行く特定の子どもたちの居場所になっていたようですが、「しろ丸」や「つむりくん」のおかげで、

しろ丸がいるから安心

みんなの部屋になりました。誰もが遠慮なく入れる場所になっていたのです。

特別な場所は必要ありませんが、子どもたちは全員を特別扱いします。その特別は、子どもにとって安心して学校生活を送るための特別です。また保護者とも十分に話をし、必要な特別を確認します。一人ひとり違う特別です。

かなたのやりたいことと、大人の考える安全

「かなたさんがどこか行ってしまったんです。」

血相を変えて、放課後こどもクラブの職員が職員室に飛び込んできました。

かなたは、突然走り出し、窓から身を乗り出すなど危険な動きをすることがあり、常にそばに職員がついていました。かなたは外が大好きなので、運動場に行ってみました。すると遠く離れたプールの前に子どもがいます。かなたかなと思いながらも確認はできず、駆け足でプールに向かうと、その子は突然服を脱ぎだし、真っ裸になったのです。

間違いありません。「かなたがいましたよ！」と私は叫びながら、駆け寄りました。顔は泥だらけで、こんなにうれしそうな顔のかなたを見たことがありませんでした。脱いだ服も泥だらけです。きっと服を着ていることが気持ち悪かったのでしょう。

登校時に雨上がりの運動場の水たまりを見つけ、遊びたかったんでしょう。しかし、そ

ばにはいつも大人がついているので泥あそびはできません。ここだという隙をついて走り出し、遊びたかった水たまりに向かっていったのでしょう。

かなたにとっては最高に幸せな時間、大人にとっては不安でいっぱいの時間でした。安全を一番に考えるのはもちろんですが、かなたもいっぱいやりたいことがある、それができない学校であってはならない。どうするか悩み続けています。

学校で必要なものは一人ひとり違う

電話に出ると、いきなり母親の怒りの声が耳に飛び込んできました。

「学校にキーホルダーを持っていったらあかんのですか。」

突然のことで、わけも分からず「あかんことないですよ。みんなランドセルにキーホルダーつけてますからね」「そうでしょう」と会話が続くのですが、私は状況がまったくつかめていません。話を聞いていると、どうも授業中に子どもがキーホルダーをにぎっていたところ、それに気づいた先生に「学校に必要ないものは持ってこないで」と注意されたようです。ちいさいころから大好きなキーホルダーで、それをにぎっていると心がおだやかになるそうです。

問題ないと思った私は、「そういうことであれば、キーホルダー持っていていいですよ。

私から先生に話をしておきますので、明日も子どもに持たせてください」と伝えると、「何個までいいですか」と返してきます。個数なんてまったく考えていませんでした。

「何個でもいいですよ。数を決める必要はないです。」

「いや、基準がないとわからないです。」

「本当に何個でもいいですよ。」

「いや、決めてください。」

どこまでも続きそうです。

「決めないといけませんか。そうですか、そしたら決めます。……う〜ん。」

もし「3個まで」と言うと、きっと「4個持っていくと注意をされるのですね。3と4の違いはなんですか」と返ってきます。

そこで「言いますよ。50」と言うと、母親は大笑いをしながら「そんなに持っていきませんよ」と言ったのです。「そうでしょう、何個でもいいんですよ。50個持ってきてもいいし、もっとたくさん箱に入れて、ジャラジャラと音を鳴らしてもいいんですよ。」

それからそのお母さんは、学校の環境整備などに最も熱心になり、私にとっても相談をしてみたくなる、いい関係になれたと思っています。やわらかい柔軟な対応をすると、相手もそのようになり、ともに一つの方向を向きたくなるんだろうと感じた出来事でした。

一人ひとり学校で必要なものは違います。小さいころからいつも一緒にいたぬいぐるみと一緒に登校する子もいます。私たちにとって困ったいたずらをしていても、大の友だちである小さな亀のぬいぐるみがないことに気づくと、顔色を変えて亀の捜索が始まります。学校に特別な場所は必要ありません。しかし、子どもたちには、その子に合った特別が必要なのです。自分は特別扱いされてると思っていたら、「なんだみんな特別だったんだ」というのがいいんです。

お客さんに見せるゴキブリ

3年生のゆうすけが両手にケースをもって「これ名前わかる」と、差し出しました。そこにいるのは明らかにゴキブリです。

「これゴキブリやな。名前というのは種類のことか。これふつうのゴキブリやろ」「先生これな、ワモンゴキブリいうんやで。豊島公園でつかまえてん」「これなあー、教室に持ち込むのはどうかなー。いやがる子もいるんじゃないかな」と悩んでいたのですが、それから間もなく、ゆうすけが「ぼくのえきができたー」と大喜びで校長室に飛び込んできました。

何のことやらわからないまま手を引かれていくと、廊下のすみに3段の棚が置いてあります。ゆうすけがゴキブリのケースを置くことができる場所として担任が用意したのです。棚の前にはチョークで線路が書いてありました。これを担任は「駅」と呼んで説明したようです。この担任の対応に私は感激しました。

その後も、どこから連れてきたのか、にぎっている手からはみ出しているゴキブリを、校長室のソファに座るお客さんに差し出し、「これマダガスカルゴキブリ。見て、かわいいよ」とやるのです。お客さんはのけぞってゴキブリから顔を背けながら、「ほんとかわいいね」と言ってくれます。ゆうすけは満面の笑みを浮かべていました。

その後、ゆうすけは、運動場から拾ってきた木の枝を使い、器用に弓をつくって遊んで

射的場は大にぎわい

集中しています

いました。そのときも、「危ない」とやめさせるのではなく、担任は壁に的をつくって遊ぶことができるようにしてあげていました。ゴム鉄砲をつくったときにも、紙を筒状にし、的をつくっていくつも机に並べて射的場を用意していました。しだいに周りの子どもたちも射的を楽しみ、にぎやかな場となっていました。

わかりきったことのくりかえしでしんどいねん

授業中、校長室にまず来ることのない6年生のそうたがやってきました。「どうしたんや」と聞くと、「授業が、わかりきったことのくりかえしでしんどいねん」と言います。参考書も一度見れば頭に入るそうで、2時間までならしんぼうできるけど、3時間はつらいと訴えるのです。「クラスのみんなと教室にいるのは、嫌ではないんやね」と聞くと、クラスでの人間関係はいいと言います。

私は、今のやりとりで、そうたは授業中にまったく別のことをしていてもいいという方向性を固めましたが、保護者にも確認しなければなりません。その日のうちに母親に来てもらい、母親と担任、私で話し合いをもちました。

私が母親にいきさつを伝え、「授業中、まったく別の問題集などをやってもいいということにしましょう」と提案しました。すると母親は「うちの子だけ『ずるい』となりませんか。ぼくも別のことをやりたいという声が出たら、先生が困るのではないですか」と心配しています。

私は、そんな声は出ないと思いましたし、もしもそんな声が出たら「家の人に来てもらって話し合いをしよう」と言うと、その子は間違いなく「もういいわ」と言うと、母親に伝えました。

大事なのは、担任がクラスにこのことを伝えることができるかどうかです。担任は「うちのクラスであれば大丈夫だと思います」と自信があるようです。

翌日担任が、「そうたは今日から授業とまったく違うことをやるけど、どう思うか」とクラスの子どもたちに問うと、しばらくの沈黙の後、一人の子が「それで教室におれるんやったら、ええんちゃう」と言いました。そしてその発言への共感がクラス全体に広がっていきました。

私が教室に見に行くと、そうたは授業とまったく違うむずかしい問題集をやっていたり、本を読んでいたりしています。ですが、体育や音楽、図工、社会の一部などは一生懸命に授業に参加する姿がありました。

小学校には自由がない

入学して間もない1年生が、「小学校には自由がない」とつぶやきました。この子どもは、小学校から一番近い「あけぼの幼稚園」の卒園生です。以前、園長先生から公開保育へのお誘いがあり、よろこんで参加したことがあります。そのときのことを思い出しました。

この幼稚園の園庭には手づくりの遊具や木陰がたくさんあります。子どもたちがあちこちを走り回り、登っています。思わず「あぶない、あぶない」と近づいて行きたくなる光景がくり広げられていました。こちらのテーブルでは金づちで釘を打ち、あちらでは泥団子をつくり、心が向くままに無心になって何かをしている子どもたちの姿がありました。

奥に行くと、私も簡単に乗れないような高い位置にブランコがありました。手前にある木の切り株から乗ることはできるとしても、どのようにして降りるのか、ブランコに乗っている子どもに聞いてみました。すると、あまりにも自然に、近くにいる子に「おろして」と頼みました。そして今度は2人でブランコに乗って楽しそうにゆすっています。

そうなんです、頼めばいいのです。小学校入学前に、ごく自然に、ともに育ちお互いに頼れる人間関係を築いている子どもたちを、小学校で分離したり、こうであらねばならないという枠のなかで、息がつまりそうになる学校に押し込めてはなりません。「小学校には自由がない」というつぶやきと相まって、そう強く感じました。

小学校の創立記念日に、教職員に呼びかけて、私を含めて5人であけぼの幼稚園で先生体験をしました。参加した教職員は、私が以前体験した「ともに生きる」子どもたちの姿に接し、「小学校にも自由がある」とつぶやくことができる小学校とはどんな小学校だろうと悩むこととなりました。

すべての教職員がすべての子どもの担当

それぞれのクラスで工夫しながら、安心して学び生活できる教室空間を創造しています。パーテーションを置いてそのなかに机とイスをもう一つ置き、床には連結式のマットを敷いて周りからの視線を遮断した状態で授業を受けることができるコーナーをつくっている教室もあります。そこでは、マットで横になったり、全く別のことをしたり、本を読んだり絵を描いたり、授業中の教室はこうであらねばならないという、これまでのとらわれから解放された空間が存在しています。

廊下に机を置いているクラスもあります。教室にある机を廊下に出すのではなく、もう一つか二つ机とイスをもってきて廊下に置いています。廊下側の窓を開けて、廊下で授業を受けている姿を見ることもあります。また、母親と一緒に廊下で学習をしている姿を見ることもあります。

それでも、教室にいるのがしんどくなってしまったら、保健室や相談室（相談室にかわいい名前はつけていません）、そして校長室があります。授業中に廊下にいる子どもに対して「授業中やぞ、教室に入りなさい」というような声かけをすることはありません。ましてや、「何年何組？」と聞いて、担任や学年の先生を呼んでくるというようなこともありません。

「すべての教職員がすべての子どもの担当である」——これは最も大事にしている学校の方針です。最初に気づいた教職員が声をかけ、わけを聞くという、当たり前の対応をすることが大事です。

教職員は、子どもたちのことについて共通認識を持っているので、廊下で出会った子どもにかける言葉は「校長室か？」で十分なのです。「なぜこの子が授業中に廊下を歩いているんだろう」と思えば「どうしたん？」という声かけになります。話を聞いて、深い内容であれば、心がゆったりできる場所、運動場のテラスや階段の踊り場にあるイスに座って、ゆっくりわけを聞きます。子どもたちにとって、どの先生も話を聞いてくれる、相談してもいいかなと思うことができる存在でありたいと思っています。

私たち教職員には、立場や役割があります。しかし、子どもたちにとっては、教職員の誰もが自分を大事にしてくれる、一緒に悩むことができる存在としてそこにいるように思っているのではないかと感じています。

また、支援学級担任の動きも子どもたちに安心感を与えています。９人いる支援学級担任は、常に横につく必要のある子ども以外は、少し離れたところからクラス全体を見ています。そうすると、なぜか泣いている子がいたりします。そばに寄り添い「どうしたん」とわけを聞き、心がおだやかになるような対応をします。

算数の授業でかけ算に行きづまっている子がいれば、「かけ算むつかしいな。いっしょにしてみようか」と支援します。今、先生がどの子のために教室に入っているか、子どもたちは意識していません。自分も困ったら来てくれる先生として、多くの子どもが「おたすけ先生」と呼んでいます。

このような日常のくり返しのなかで、困ったときには、「教えて」「助けて」と言える人間関係が育っています。支援学級に在籍するということがけっして特別なことではなく、支援学級担任をはじめすべての教職員は、在籍している子どもを中心にして、すべての子どもたちが安心できる学校づくりを常に考えています。

安心感がクラスをつつみ、学校をつつめば、いろいろあるし、少ししんどいけども、行ってもいいかなと思える学校にはなれるのではないかと考えています。子どもたちが学校に来れば、話ができるし、何といっても顔を見れば安心できるし、とにかく学校に来るというそのことがうれしいのです。

子どもが教職員を歓迎!

南桜塚小学校に5年間つとめたなかで、私が誇れるものに、教職員による「読み聞かせ」があります。

どの教職員がどの教室に行くかは、当日のお楽しみです。私にも教室が割り当てられて読み聞かせに行くのですが、初めてのときには、教室に入ったとたん「あーあ」といやーなため息が聞こえてきたらどうしようかとずいぶん心配しました。

でも、そんな心配は無用。大歓迎してくれたのでした。どの先生がどの教室に行っても大歓迎なのです。

毎年大歓迎されるので、先生たちも学年に合わせて実に楽しそうに絵本を選んでいます。迷いに迷っても1冊に決めることができなければ、2冊読んだり、図書館司書に真剣なまなざしで相談したりと、子どもも大人も楽しい時間を過ごします。

私が「誇れる」と言ったのは、真剣な教職員の姿だけではなく、どの教職員も歓迎してくれるこの子どもたちの姿のことです。

このうれしい雰囲気は、年度当初の担任発表でも味わうことができます。１年生は入学時に担任発表を終えているので、１学期の始業式の日は、２年生から６年生までの担任発表を行います。

子どもも教職員も全員そろったところで発表します。私が中学校につとめていたころは、クラス替えを発表する際の掲示物に担任名も書いてありました。子どもたちの反応が気になり、校舎の柱の陰から子どもの反応をうかがったものです。

「やった、橋本や！」と言ってくれればいいのですが「なんや、橋本か……」となると、もう私の気持ちはスタートラインに立てなくなってしまいます。それだけに、小学校で全員がいる場で発表して大丈夫なのか心配しました。

ところがそんな心配はいりませんでした。どの先生を担任として紹介しても、「おおー」「やった！」と声が上がるのです。拍手が起こる場合もあります。教職員も笑顔いっぱいで、この新しい学年のスタートが毎年とても気持ちよく、うれしい場となります。

苦しんでいる一人に焦点を当てる

「子どもが、○○の授業がある日は学校に行きたくないと言っている」との電話がかかってきました。話を聞いてみると、授業中に先生が子どもたちに質問をし、答える子どもを指名する際にルーレットを使っていて、その子は「いつ、自分が当たるか考えるだけで胸が苦しくなり、授業どころではなくなる」ということでした。このような訴えがあるとすぐに対応するのは当然です。早速、そのクラスの授業担当の長山先生と話す場を持ちました。

「ユリさんが、授業中にルーレットを使って指名することで、ずいぶん苦しんでいるようだが。」

「気づいてますけど、みんな喜んでます。」

「まず、数字のところに詰め物をするなり、ユリさんに当たらないようにする。当てるときには事前に伝えておくなどできないかな。」

しかし、パソコンを使ってモニターに映すルーレットなので、細工ができないと言います。何かできることがあるだろうと思いながら、話は続きます。

「しかし、一人の子どもが苦しみ、学校に来れなくなるかもしれない。何とかせな。」

「やめろというんですか。」

「まあ、そういうことや。」

「やめるとなったら理由がいるし、誰かが何か言ったからやめることになったと、誰だと探しはじめますよ。」

「あのな、１００人が『おもしろい、これでいい』と言っても、一人が苦しんでいたらその一人に焦点をあてて教育を進めるのが豊中や。」

「そうしたら、やめる理由はどうしたらいいんですか。」

「それは、授業に責任を持つあんたが考えな。一晩考えてみ。」

「考えても思いつかなかったら、校長先生にやめろと言われたと言ってもいいですか。」

「もう……それでええ。」

翌日、本当に子どもたちにそう言ったようです。

「本当にこれでよかったのか」と思いながら長山先生と話していましたが、後でその会話をふり返り、「こんな会話ができるのもいいもんだなあ」とも思いました。お互いに、多少意地になっていたところはあるのですが、うそ偽りのない本音で話していました。

一人の苦しみが自分のこととしてクラスの子どもたちに届いていない状況で、楽しんでいることをやめる理由なんて、そう見つかるものではありません。追いかけている夢を持ち、努力を続けながら小学校で講師としてつとめている、少し雑だけれど魅力のある先生です。世間の先生のイメージとは少し離れている、こんな先生が力を発揮できる学校というのは、この時代にすばらしいと思うのです。

忙しい子どもたち

それからしばらく経った朝、私が通学路で交通整理をしていると、私に近づいてきた一人の子どもが「ルーレット復活してください」と言ってきました。「深いわけがあってな、復活はできないんや」と言うと、「そうなんや」とあっさり行ってしまいました。

さらにその日の放課後、今度は学年のなかでも発言力のある数人の子どもが「ルーレット復活してください」と校長室にやってきて言いました。私は、長山先生に伝えたように「100人が……」と話しました。すると、あっさり「あーそうなんや」と全員納得してしまったのです。

私は心のなかで「話が早いな。でもこんなにすんなりいっていいんかな」と考えていると、このなかでもとくに発言力のある子どもが、「先生、でも問題出して誰も手あげなかったら、突然誰かを当てるやん。その子が苦しくなったらどうするの」と鋭いことを言ったのです。

「あのな、先生たちは適当に当ててるのではない。そのときの人間関係を考えたり、『この子は国語が得意やからこの問題は絶対大丈夫』とか、当てる前に目を合わして『当てるよ』というサインを送ったり、いろいろ考えてるんや」と私が言うと、また「そうなんや」とあっさり納得してくれました（本当は、さほど考えずに指名することも多いですが）。

私はまたしても「物分かりがよすぎるな」と思いながら、この子たちともっと話がしたくなってきました。そこで「もう少し話をしよう。時間大丈夫か」と聞くと、一人が「4時30分から塾やねん」と言います。もう4時20分です。「早く帰らな」と言うと、今度は別の子が「5時から習い事です」「5時30分から……」と、全員帰っていきました。「この子らは大変やな」と思いながら、背中に向けて「気をつけて帰りや。また話しような」と声をかけました。

再びソファに座りながら、これまでに出会った、家族の期待を一身に背負い、息がつまりそうになりながらも踏ん張っている子どもの姿を思い出しました。自分が踏ん張りながら、ふらふらになっていることに気づいていない子どもにも出会ってきました。

今帰っていった子どもたちが、そうでなければいいのだがと思い、あわてて外に出て、もう一度、帰っていく子どもたちの背中を見送ったのでした。

子どもの危機を伝えてきた保護者、意地を張る教職員、対抗してやはり意地を張る私、不満を伝える子どもたち、しかし、一人の苦しみに出会ったとき、子どもたちは柔軟な心で納得し、行動が変わるのです。不満を持ちながらも、人と人とが直接向き合っているところがいいのです。

子どもを導こうとしている大人が、気がつけば乗り越えられてしまうことがあります。年齢や人生経験の差が消えてしまい、みんな素直に向き合っています。何の変哲もない、この日常が私は大好きなのです。

あのときの苦しい思いをしていた子どもが、中学生となって交通整理をしている私の前を毎日一点を見つめて登校しています。「おはよう」と声をかけても、まったく聞こえないかのように一点を見つめています。

ところが1ヵ月ほど経ったある日、口元が笑顔になりわずかに顔がこちらに向きました。このわずかな変化がうれしかったです。あまりにもささやかな出来事ですが、学校はこんなささやかな出来事を積み重ねながら歴史をつなげているんだと思います。その後、小学生の妹と登校し、私のほうを向き、小さな声で「おはよう」と笑顔が返ってきました。

授業ついていってますか？

12月、支援学級に在籍する子どもの「親の会」主催のクリスマス会の準備をしているとき、隣にいた保護者が「うちの子、授業ついていってますか？」と私に聞きました。深く考えることなく「ついていかな、あきませんか」と返しました。母親は、うつむき加減で黙ってしまいました。

「しまった、まずい言い方をしてしまった」と思った私は、その場をとりつくろうような言葉を探していました。

すると、母親は突然顔を上げ、明るい表情で言いました。

「そうですよね。ついていけてるとか、いけてないとか言いますけど、そんな基準聞いたことないです。」

私たちは、生きていくなかでいつしか能力主義に陥り、がんじがらめにされているのです。点数で評価するのは、とても分かりやすい評価の仕方です。しかし、点数では表すことができないことは無数にあり、見えない部分に人間のよさがたくさんつまっているのです。

こんなことがあってから、保護者には「もし個人懇談で、『お子さんは最近、算数の授業についていけてないですね』と言われたら、『先生、それは大変です。家で親子でがんばって何とかついていけるようにしたいので、ついていけてないという基準をわかりやすく教えてください』と言ってみてください。きっと担任は困ってしまいますよ」と言います。そうすると、その場はなごやかな雰囲気になり、能力主義にからめとられていた自分に気づくようです。

学力をつけることをけっして否定するものではありません。ですが、点数に表れる部分だけが学びの成果ではなく、点数に表すことができない、そしてけっして否定されない学びが重要なのです。「昨日やったのにもう忘れているのか」「こんな簡単なこともできないのか」「みんなもうできて、待ってるんや」などという会話があるところに、学びはありません。掃除を一生懸命している姿を見ているとうれしくなります。しかし、点数で評価をしません。

「ともに学ぶ」教育の源流

少し、南桜塚小学校の歴史を紐解いてみます。

南桜塚小学校の1979年度の研究紀要「とりこぼしをつくらない教育をめざして」に

よると、「61年　特殊学級はあることはあったが体育館の裏の小屋のような場所で担任一人がほとんど学校とはかかわりなく細々と実施していた」とあります。また、1969年には「交流」という言葉は出てきますが、それは担任と養護学級担任との「交流」のことで、子ども同士の交流はなかったともあります。

1970年には、障害児学級と通常学級の子どもたちの交流が始まり、重度自閉症児童が通常学級に入り、音楽や知育の授業を一緒に始めました。当初、「障害」児の健常児に対するコンプレックスは大きく、積極的に授業に参加しているわけではありませんでしたが、ともに行動するうちに、情緒面も安定していきました。また、障害児同士が差別し合う現実もあったとも記述されています。

1972年には、通常学級の給食グループが障害児学級に入り、配膳も含めて給食をともにする、給食交流が始まりました。このような取り組みを進めながら、1975年大阪府同和教育研究会「障害」児教育分科会で実践発表を行い、多くの批評を仰ぎながら取り組みの方向性を確立していきました。その際の発表資料の前文（本校の基本的な姿勢）に、当時の教職員の熱い思いが語られています。

「障害」児教育を考える前に、教育そのものについて考える必要があると思われる。

人間の知的能力だけに頼った教科中心的な教育が、同和教育を契機に、子ども達の教育を受ける権利を重視させ、従来の「障害」児教育の流れを大きく変えさせた。

このことは、民主教育をめざそうとする我々にとって、その方向性が見出せたという点で大きな意欲づけになったと考えられる。

いいかえればこれまでとりくんできた「障害」児教育の実践が果たして個々の児童を大切にした教育であったと言えるかどうかが問われるようになった。

本校の「とりこぼしをつくらない教育をめざして」という研究テーマも、一人一人が学級集団の中に等しく位置づけられ、教育を受ける権利が最大限、保障されることを目ざすものである。

就学猶予、免除により学校教育からとり残されたり就学しても、いわゆる養護学級などにあり他の児童との交流の場をもたない、いわゆる「障害」児と呼ばれる児童達はこの目標にてらしてみたとき我々に責任の重大さを感じさせるものである。

就学していないから養護学級にいるからといって、その子の教育権が全面的に犯されているとはいい切れない面はあろうが、まず言えることは他の児童との人間関係をつくる場、その子が成長する上で大切な刺激について大きくとりこぼされているとみなければならない。更に言えば「障害」児と接する場を奪われている他の児童達もとりこぼされた存在としてみなければならない。

その意味からも豊中障教委が進める「すべての子どもを校区に、そして原学級に」という運動の方向は充分うなづけられるものであり、推し進めなければならないし、更に本校の「障害」児教育の歩みの中で、このことは必然の結果として本校では受けとめられている。

原学級に入れたからそれでよいというのではなく、むしろ入れることについての話し合い、入れる為のいろいろな処置、配慮、入れた中での児童の変化(「障害」児を含む)の観察と指導、授業のもち方等の研究討議を通して実践していく事が教育を問い直すことにもなり「障害」児教育の推進になるのではないかと思われる。


この前文を読むと、現在の私たちの進める教育の源流を見るとともに、教職員は豊中の教育のなかに常に課題と希望を見ていたように感じます。このころから、すべての子どもが通常学級で学ぶことをめざし、養護学級の担任は、通常の学級に入り込み、子どもたちの支援について悩みながら試行錯誤し、しだいに入り込みという形を定着させていったのだと思います。

1976年「原学級のとりくみを中心にした『障害児』教育推進」をうたい、同和教育推進のための『にんげん』教材の実践を通して、子どもの実態から、その悩みや要求に応え、差別をゆるさない集団を育てるよう努力しました。その土台の上に、原学級の取り組みを強化し、学校をあげて協力態勢を確立していきました。

「原学級」とは、障害のある子どもが、通常の学級で他の児童・生徒たちとともに学び生活することを保障する取り組みのことです。支援学級の在籍ではなく、通常の学級に在籍するための、人の確保や環境面などの条件整備の実現が大きな課題です。

また、「障害」児が学校行事に参加できる方法を検討し、実際に参加し、すべての子どもたちがともに成長する喜びを感じることができる取り組みとしていきました。この時期、研究集会での発表など実践の発信にも力を入れており、進む方向性に確信を持ったようです。

1979年度の南桜塚小学校研究紀要「とりこぼしをつくらない教育をめざして」に、1977年度の研究として、今も課題としている重要な記述があります。

「ついてこれない」とは、その子どもがついてこなかったのか、ついてこれなかったのか、またついてこさせなかったのかその状態の分析と原因を明らかにし、何とか子どもが意欲的に取り組むようにした。

また、ある集団から疎外されている子供を、その子自身の問題としてのみ受けとめるのではなく、むしろ、疎外・差別している集団の側の問題として受けとめ、個々のケースでの研究、指導を行った。


すでに50年近く前に、校内で議論されていたことに驚くとともに、豊中市内各校で悩みながら議論を深めていった積み重ねの上に今があることを強く感じます。

そして、１９７8年に豊中の「ともに学ぶ」教育の裏づけとなる「豊中市障害児教育基本方針」が制定されました。

現在、地域の学校への入学を前提とした就学相談が6月ごろから始まり、10月には、行政は居住地域の校区への学校への就学を全員に通知しています。

ただし、外国籍の子どもには、就学を希望するかどうかを確認するための案内を送り、希望する場合は教育委員会学務係へ来ていただくことを伝えています。

「ともに学ぶ」教育を進めるために最も大事なのは、教職員が「すべての教職員がすべての子どもの担当である」という意識をしっかりと持っているということです。

2000年度の「研究のまとめ」を見ると、これまでの知識・理解中心の教育から、21世紀を生きる子どもたちに、何とか明るい未来を保障しようとする熱意が伝わってきます。教育課程編成委員会の冒頭の文章には、「共同指導体制の推進」が出てきます。クラスの枠を取り払って、より多くの教職員で一人ひとりの児童を見つめ、多面的に理解をし、すべての子どもに必要な支援をしていきたいという思いを背景に、取り組みが始まっていきました。このことにより、一人の子どもをめぐっても、全体の会議で共通認識をもって話題にできるようになっていったのです。

また、高学年では、学年加配を配当し、一部ですが教科担任制を実施していきました。それが現在では、専科教員による授業とともに、学年担任が得意教科を生かした交換授業を行い、5、6年生では中学校と同じように教科担任制で授業を行っています。4年生では算数を少人数授業で行い、ゆっくりと算数の楽しさを味わいながらの授業が展開されています。このように、担任との確かな信頼関係を築きながら、20年以上にわたり「共同指導体制」が維持・発展してきたと言えます。

第2章 私が見てきた豊中の教育

第1章では南桜塚小学校の日常の一部をお伝えしました。

本章では、私が兵庫県の尼崎で過ごした子ども時代の先生方の思い出、そして豊中で教員としてつとめてから見てきた風景をお伝えしたいと思います。

安心して子どもとして生きることができた時代

とにかく自由な空気のなかで小・中学校時代を過ごすことができた私は、尼崎の教育に心から感謝しています。私たちの、ときに度を越したいたずらに、「お前ら何でこんなことばっかりくり返すんや」と嘆きながらも、目は優しさいっぱいで見つめてくれる先生に、絶対自分らは見捨てられないという安心感がいつもありました。夏休みなどの長期の休みもいらない、とにかく学校にいるのがうれしかったのです。

中学2年生のとき、当時大人気だったフォークグループをまねて出演した文化祭で大いに受け、その勢いで生徒会役員にも立候補し、役員すべてを野球部でうめてしまいました。翌年、先生から「君らのコーナーつくるから、文化祭に出て盛り上げてくれ」との要請を受け、２人を加えて４人で大いに楽しませてもらいました。

多少のことは大目に見て、生徒をその気にさせてくれました。大人になった今考えると、自分たちは好き放題しているつもりでも、誰もが気持ちよく学校生活を送ることができるように、先生にうまく扱われていたように思います。

ともに生きていた

１９７０年、大阪千里丘陵で日本万国博覧会（大阪万博）が開催されました。小学5年生の私はガイドブックを買い込み、未来の世界を想像し、遠足で万博に行く日を楽しみにしていました。クラスの話題も万博に染まっていました。

あれから50年以上の月日が経ち、鮮明に記憶に残っているのは、みどり館に優先的に入場させてもらい、ドーム型の天井に映し出された、押しつぶされそうになる迫力ある映像です。この映像が小学生にとっては衝撃的で、どんどん万博の世界にのめりこんでいきました。

豊中市の「教育関係年表」によると、1970年大阪万博開催直前、『朝日新聞』北摂版に「豊中市立小学校で、万博を学校引率で見学することを見合わせる学校が続出　見学日が指定され天候による変更が許されないこと、会場の混雑に対する不安や交通機関の確保に対する見通しが得られないことによる。家族単位での見学は奨励」と、当時の状況を示す記事が掲載されたようです。

今と変わらない学校状況がありながら、当時の子どもは、万博に夢中になり、入館したパビリオンの数を競っていました。小学生でしたが、私は2回一人で万博に出かけました。そこで、当時の時代背景がわかる、そのとき一回限りの出会いがありました。

人気パビリオンに入場するためには、3時間、長ければ8時間並ばなくてはなりませんでした。3時間の待ち時間を並んでいると、私の前にいた青年が話しかけてきました。「自分は船乗りで」と話が始まり、海外での経験を実に楽しく話してくれました。万博で初めてさまざまな国の人に出会い、日本語以外の国の言葉を聞き、大阪万博は夢の国への入り口でした。そのうえ待ち時間に話してくれた青年の話は、万博のわくわく感をさらにふくらませるものでした。

話が終わると「まだまだ長い時間並ばないといけないから、1時間ほど他のパビリオンを見ておいで。場所はとっておくから。目印はこれ（胸ポケットのハンカチ）」と、提案してくれました。一つでも多くのパビリオンを見たい私は、言葉に甘えて、人が並んでいない国際共同館のパビリオンを見て回りました。１時間ほどして戻り、青年とともにパビリオンを見学した後別れました。

初めて出会う人と会話をすることは、日常にいくらでもありました。電車では、小学生一人ということもあり、必ずと言っていいほど声がかかりました。「ぼく、一人か」「そうかえらいな、しっかりしてるわ。この子一人で来てやるんやてえ」と近くの人も巻き込んだ会話になっていました。万博での出来事一つ見ても、偶然の出会いから会話が生まれ、気持ちよくひと時を過ごす、社会全体が人とのつながりを持ちながら、ともに生きやすく生きていた時代であったと思い出します。

学校の帰りに、近所の話したことのないおばあさんに声をかけられ、家に入りお茶を飲んで帰ったこともあります。「たのしかった」と言われて家を出たのですが、そんな時代だったのでしょう。銭湯でも、どこの誰かわからないたくさんの大人と話をするのが楽しくて、おじさん一人ひとりにあだ名をつけていました。

大八車に野菜を乗せて家々を回る八百屋さんが「ばーちゃん」と声をかけてやって来たり、魚の行商の姿も見ました。近所の市場に行けば「〇〇さん、３日間買い物来てないけど心配やから帰りに家に寄ったって」と、安否を気遣う会話を聞くこともありました。誰も意識することなく、見守りの体制ができていて、安心して暮らしていたのでしょう。

夏の夜は、どこの家にもクーラーなどあるはずもなく、扇風機もおそらく一台か二台しかなかったでしょう。夜になるとどの家からも縁台が登場し、夕涼みです。いつしか輪ができ、将棋が始まり、花火が始まり、話が始まり、スイカが届きと、子どもにとって夏休みは楽しい日が続きました。

楽しさや安心は、いつも人との関係から生まれ、おだやかに流れる空気とともにふくらんでいきました。「ともに生きる」とあえて言わなくても「ともに生きていた」のです。

お前らやる気あるんか！

中学2年生の2学期から社会科を受け持ってもらった山崎先生のことを忘れることはありません。自分も将来、中学校につとめたいと思ったのも、その先生との出会いがあったからです。

初めての出会いの日、どんな先生がやって来るのか興味津々の私たちは、授業が始まっても教室は大騒ぎでした。見かねた先生が「お前らやる気あるんか！」と叫んだのです。しばらくするとまた、わいわいがやがや「お前らやる気あるんか！」と何度かくり返され、何度でも同じことを真剣に言う先生との距離が、どんどん縮まっていったように思います。

次の時間も、またその次の時間も同じことがくり返されました。

中間考査が終わりしばらく経ったころ、職員室に入ったときに気になる先生たちの会話を聞いてしまいました。

「あの社会の先生、もうひとつやな。７組だけ社会の平均点えらい低いやないか。」

この会話を聞いて、けっこう好きになっていた先生のことを悪く言われたくない、なんとも悔しい気持ちになりました。期末考査に向けて、社会科だけがんばりました。社会のテストが返ってくる日、85点の解答用紙を受け取りとてもうれしかったのを、はっきりと覚えています。仲のいい友だちに自慢をしたくて、85点をみせると、なんとその友だちも85点だったのです。あまり点数のとれない友だちだったので「なんでや！」とわけを聞くと、私と同じ経験をしていました。先生に対する思いが同じだということがこれもまたうれしかったです。

いよいよ学年末、先生は最後にもう1時間授業をやりたいので、担任の数学の時間に社会の授業をさせてもらうことにしたと、私たちに伝えました。私たちは、その時間に授業をしないで過ごすにはどうしたらいいかと考えた結果、お別れ会を企画することにしました。

当日、黒板にプログラムを書き、机をコの字型にし、紙吹雪などもつくって準備を進めました。山崎先生が入ってくると、拍手をし、紙吹雪が舞いました。先生は驚き、授業をやるために設定した時間だからお別れ会は絶対にダメと訴えました。

でも、くり返しくり返し説得するうちに、いつものように「そうか、それならやろか！」となりました。私たちにしてみれば予定どおりです。開会のあいさつから始まり、ほうきをギター代わりに歌を歌ったり、組体操をしたりの出し物のあとに、一人ずつ先生に感謝の気持ちを伝えることになりました。

これは授業をしないためのお別れ会であって、本気の会ではけっしてありません。感謝の言葉が始まりました。「先生短い間だったけど、すごく楽しかった」「何度も怒られたけど、うれしかった。ありがとう」「騒いでばかりでごめんなさい」「先生……」「ありがとう……」

なに泣いてるんや。これ本気と違うで。私は心の中で、どうなったんやみんなと、とまどっていました。みんな泣いている。先生も泣いている。こんなはずじゃなかったのに、本当のお別れ会になってしまい、先生と太く太くつながっていく不思議な感覚になっていきました。

お別れ会が終わってから、私たちは、数学の大事な授業をお別れ会にしてしまったことに担任の怒りは相当なものだろうと思い、職員室に偵察に行きました。担任はイスに座り机にうつぶせになり寝ているような状態でした。教室に戻ってみんなに報告すると、一人が「それは、担任がかなり怒っているときの様子だ」というので、終わりの会では、静かに座り担任の到着を待ちました。教卓の前に立った担任は低い声で「みんな……」と話し始めました。

どなり声がくるぞとかまえていると、「さっき山崎先生が私のところにきて、7組はいいクラスですね。お別れ会をしてくれて、うれしい言葉をいっぱいかけてくれました、とおっしゃたのです。私もこのクラスの担任でよかった。みんなありがとう」と涙を流しています。

これでいいのかととまどったのですが、もはや真実を伝える雰囲気ではありません。これは、最初から本気のお別れ会と思うことにし、自分を納得させました。だまされても、さわがれても近づいてくる、こんな先生たちと学校生活を送ることができた私たちは、本当に幸せでした。2年生を終えるとともに先生は他校に移ったのですが、慕う私たちは、何度も誘い出して遊んでもらいました。先生の初デートに応援団としてついて行き、彼女とボートに乗る先生に向かって「がんばれ！」と叫んだあの日のことがずーと温かく心に残っています。

先生という職業へのあこがれ

3年生になり、担任の安部先生から呼び出しが来ました。またまた呼び出されることをしてしまったのですが、今度ばかりは、職員室の多くの先生がいるなかでどなられることを覚悟していました。座席に座っている担任の前に立つ私に、先生は「どうや、おもしろかったか?」と問いかけました。おもしろかったと答えるのはまずいが、おもしろくなかったと答えるのもよくないと、黙って迷っていました。

「おもしろかったんやろ」、もう一度聞かれ、「少しだけおもしろかったです」と答えると、「よかったやないか」と先生はにこにこしています。その後も、顔を伏せてじっと立っていると「何してるんや」「まだ怒られてませんので」とおかしな会話になりました。

「少しだけおもしろかったんやろ。よかったやないか。終わり!」担任のこの一言で、私は職員室を出ました。そのときに、これまで感じたことのない気持ちがわいてきました。

「この先生にだけは迷惑かけたらあかん。」

どなることなく、手を出すこともなく、人の心を動かすことができる先生という職業ってていいなあ。将来中学校につとめたいなあ。中学校での先生との出会いによって、ぼんやりとではありますが、将来を見つめることができました。

私が校長になったときに、連絡先がわかった安部先生に報告しました。元気な声を聞くことができてうれしかったのですが、私のことを覚えておられませんでした。あんなに特別扱いしてもらったと思っていたのに、先生にすれば当たり前の日常の対応だったようです。誰に対しても特別扱いをしていたように思います。

かろうじて「あー、ジャイアンツからスカウトが来た〇〇と同じ学年やった……」と思い出しかけていただいたのが多少の救いではありました。

夕日がきれいなー

高校生になり、大学を出たての先生との出会いがありました。担任からは「東京教育大学を出た先生が来たぞ。優秀な先生や」と、事前に紹介がありました。授業で出会ってみると、どうにもキザっぽいです。ここはひとつあいさつをしておかなくてはと、「先生、今度長距離走で勝負しようや」と声をかけると、乗ってくれました。長距離自慢の有志が集まり、武庫川（兵庫県尼崎市と西宮市の境を流れる川）の河川敷で3キロほどの距離で競争をしました。

われわれ高校生の誰もが先生より速くゴールするはずだったのですが、結果は先生がトップ。陸上部であった私は次にゴールしたのですが、フラフラになっていました。

先生は、膝に手をあてて激しく呼吸する私の肩に手を置いて、「全力を尽くすことが大事なんだ」とまたキザなことを言うのです。悔しい思いでいっぱいでしたが、先生を見上げて「速いなあー」と言ってしまいました。

その後、青春ドラマそのままに、全員西に向かって見た夕日。初めて夕日の美しさに気づいた日でした。どう考えても、めんどうくさい生徒たちです。それにつき合ってくれた先生が確かに私たちにはいたのです。

あんたは何もわかってない。あかんわ。

1984年度、大阪府の教員として採用され、豊中市の辞令交付式で豊中市立第五中学校が赴任先と告げられました。これまで豊中市にはまったく縁がなく、「第五」と言われても住所を聞いてもどこにどう行けばいいのか分かりませんでした。この年、第五中学校には3人が初任者として配属され、そのうち一人は昨年同校で講師をしていたということで、豊中の教育について話を聞きながら学校へとついて行きました。

各学年10クラス以上、教職員は70人を越え、体育館に全校生徒が集まると立錐の余地もなくなる状況でした。学校の研究のまとめ「五中同研のあゆみ」から、「すべての差別からの解放をめざす民主的な人間の育成に努める。そして、生徒達の自覚を高め、生徒達のすべてが自己の確立に努め、解放の担い手として行動できるようとりくみをすすめる」という基調のもとで解放教育に取り組み、子どもたちだけではなく教職員も人間として解放されることをめざしている学校だとわかりました。しかし、その内容を初任者にどこまで理解できていたかは心もとないものでした。

私が赴任した年から、修学旅行の行き先が長崎になりました。１９８２年度から2年間、修学旅行は広島へ行っていましたが、小学校が平和学習を目的に広島へ行きたいということで、それならと中学校では長崎へ行くことになりました。１９８２年度から始めていた8月の平和登校①について、より子どもたちが主体的にかかわるかたちにしていこうと、１９８６年度から平和劇を始めました。全校生徒に呼びかけて集まった１００人をこえる生徒とともに、役割分担をし、台本の読み合わせが始まります。夏休みに入ると本格的に練習が始まり、8月上旬の当日までそれが続きます。

教職員も資料集めから台本づくり、古い道具類を探して大阪市内を駆け回りました。平和劇は豊中空襲や広島、長崎、沖縄をテーマに台本を作成し、１９９８年度まで続きました。１９８０年代～１９９０年代前半にかけて、学校の荒れが指摘され、管理教育の是非が問われるなか、人権課題に向き合う子どもたちの姿にも力を得て、教職員は熱くなっていました。

10日ほど前までは学生であった私が、先生と呼ばれ1年3組の担任として、よくわからないまま先生らしく毅然とした態度で、生徒になめられないようにふるまっていました。ほかの先生はどんな授業をしているのか気になり、中庭から授業をじっと聞いていたこともありました。

小学校時代から不登校となり、中学校でも同じ状況であった生徒の家に迎えに行くのも日課になりました。それが担任としての情熱だと信じていました。毎日決まった時間に来て「今日は学校行こな。無理か、そしたら明日や、約束や」という行動がどれだけ子どもを苦しめていたか、そのときにはまったく分かっていませんでした。

そんなある日、島屋先生から「ちょっと話があるので来てくれるか」と声をかけられました。「今日えらい大きな声で子どもをしかってたけど、あれあかんわ。」

そう言われても私はどのことなのかわからず黙っていました。「わからんのか、ひさのぶのことや。最近家庭訪問いつ行った」と聞かれて「5月に……」と言い終わらないうちに、「それはみんな行くやろ。あかんわ。だめなものはだめなんじゃーとどなってたやろ。

あのな、だめなものはだめでは生きていかれへんやつがおるんや。子どもらの生活背景知ったら、簡単にそんなこと言われへんはずや。あんたは何もわかってない。あかんわ」と言われたのです。

一生懸命やってんのに、何でこんな言われ方せなあかんのやと反発する気持ちでいっぱいでした。こんなこともありました。

娘やるから持って帰れと言われても

よしみが「宿題をやってこない」と各教科の担任から指摘を受けることが増えてきました。そのつど注意はするのですが、簡単にはいきません。よしみを放課後に残し、別室で宿題を終わらせてから帰宅するようにしたのですが、周りの目が気になるのか、長続きはしませんでした。家に帰ったらすぐに宿題をするように約束し、学校に残すことはやめました。

ある日、宿題をやっているか確かめるために夕方5時ごろ家に行ってみました。ドアを開けると、部屋の奥で一人カップ麺を食べていました。夕食のようでしたが、カップをのぞいて驚きました。カップの中は油の浮いたわずかなスープで、そこにご飯を入れて食べていました。聞くと、姉が食べたカップ麺のスープに冷ご飯を入れて食べているということとでした。

父親が酔って帰ってきたそのときが消灯の時間で、あとは寝るしかないということがわかりました。それが午後4時の時もあれば6時や7時のときもあるそうです。これでは宿題はいつやるのか、それどころか生活に何の楽しみも先の見通しもありません。母親は家を出ており、姉も出かけるといつ帰ってくるかわからない状況です。

部屋のなかを見ると、物が散らかっていて、座る場所もありません。「どこで寝てるんや？」と聞くと、壁を指さし「ここ」と言ったのは、一本の柱でした。柱は、床から少し上のところが濃く染まっています。そこにもたれて寝ているのでした。A子が今一番欲しいのは「ふとん」と言ったことが忘れられません。

生活背景も知らずに宿題をしてこないよしみを私は責めていたのです。もう少ししっかりした生活をするように話をしようと思い、そのまま父親の帰宅を待ちました。午後7時過ぎに父親は酔って帰ってきました。私は夕食のことや、宿題ができる環境づくりについてお願いしました。

返ってきた言葉は「それやったらあんたが育てたらええ。娘やるから持って帰れ！」でした。よしみも私も背中を押されて外に出され、カギを閉められてしまいました。ドアをノックし開けてくれるように頼みましたが、なかは静まり返って、寝てしまったのか、いくら呼びかけても待っても扉が開くことはありませんでした。しかたなく２人で学校に戻りました。

初任者の私を心配して残っていた先生にわけを話すと、「橋本さん、よしみをあんたの家に連れて帰ったらあかんで。世間さんから誤解を受けるで」と言われました。若い私が女の子を連れて夜中歩いているというのは確かによくないです。どうしたものかと困っていると、女性の先生が「私の家に行こう」とよしみを受け入れてくれることになりました。そして、その場にいる全員が、その先生の家に場所を移して対策会議を開くことになりました。

会議では「一保」や「児相」などの言葉が飛び交うのですが、初任者の私には何のことやらさっぱりわかりませんでした。１週間先生の家から通学し、一時保護されました。その後、児童養護施設から中学校に通っていましたが、ほとんど学校に行かない状態になり、児童自立支援施設に移りました。この一連の流れが理解できたのはずいぶん後になってからです。よしみからも「先生は何も知らないんやね」と言われるほど、初任者の私は制度のことも今後のことも何もわかっていませんでした。

児童自立支援施設には卒業するまで何度も面会に行きましたが、最初の面会の際に寮の先生（児童自立支援施設の敷地内に学校があり、子どもたちが寝泊まりする建物を１寮、

2寮のように呼んでいた）から、この寮に自分の家族も子どもたちと一緒に生活してると聞き、24時間体制で子どもたちと向き合っていることにたいへん驚きました。

A子は、この寮での生活を、「温かいご飯がおいしくて、ふとんがあってお風呂にも入れてしあわせやわ。クラブはバレーボール部に入っててん」と笑顔で言いました。その後も会うたびに、元気な姿を見ることができ、安心していました。

それから2年の月日が過ぎ、住み込みで飲食店への就職が決まって卒業の日を迎え、将来のめどがついたところで、父親が娘を迎えにやってきました。そのままどこに行ってしまったのか、知る由もありません。いっとき豊中に帰ってきていたという卒業生の証言もありますが、あれから40年の月日が経ち、この間一度も出会う機会はありません。

つとめ始めてすぐに、「娘やるから持って帰れ」の言葉から始まった予想もしない出来事に、しっかりと話し合いながら迅速に対応する先輩教職員の姿を見て、学校につとめるということはこういうことなんだと、めざすべき教職員の姿を見た気がしました。また、児童自立支援施設の教職員に、子どもたちの将来を切り開くために、限界をつくらない姿勢を見ました。

ですが、めざすべき教職員の姿に出会ったと言いながら、それはあまりにも自分から遠い姿であり、どこまで行ってもたどりつけないように思えました。子どもとの関係、教職員との関係に行きづまり、身動きがとれない状況のなかで、４月当初の意欲はしだいにしぼんでいきました。

それから間もなく、通信制大学の書類を取り寄せて養護学校の教員免許をとろうとしたのも、現状から逃げ出したい気持ちが大きかったからです。「障害のある子どもは純粋で、日常の世話をしてあげれば信頼関係がすぐに築ける、子どもや教職員との関係で嫌な思いをすることもない」――どうしようもなく、こんな考えにとらわれてしまっていました。

書類はそろえましたが提出するのをためらい、机の上に置いたまま、迷いの日常のなかに飲み込まれていきました。

やっぱり卒業したらあかんねんな

私の机は職員室の入り口から近く、少し奥に入ったところで、生徒と話をするのにとてもいい場所でした。いつしか、障害児学級在籍のあゆみが放課後に私の席に来るようになりました。あゆみは中学3年生で私は1年生の担任ですので、とくに接点があったわけではないのですが、入り口から近いということで、これという理由もなく来たのだと思います。仕事に行きづまりあえいでいた私にとって、来てくれることがうれしくて絵本を用意したり話をしたり、初任者の私も無邪気に楽しんでいました。家まで送っていき、母親にあいさつをして言葉を交わすこともありました。

あゆみが中学校を卒業して養護学校に進学した9月、母親から誕生日会のお誘いの連絡が入りました。私は喜んで参加することを伝え、当日プレゼントをもって自宅を訪ねました。家に入ると私が一番乗りで、他の参加者を待ちました。ずいぶん時間が経っても誰も来ません。

母親が電話をかけ始めました。何本も電話をかけながら、電話を切るたびにしだいに表情が曇っていきました。これが最後という電話を切った後で「やっぱり卒業したらあかんねんな」とつぶやいたのです。私に言ったわけではなく、思わず出た独り言でしょう。

このことばを聞き、自分がこれからもかかわりを持っていかなあかん、持っていこうと決意をしました。卒業し高校に行った子どもたちは、クラブ活動や新しい友だち関係など、いくら時間があっても足りない生活をしていることでしょう。卒業後もつながることの困難さを感じながら、自分がやらねばと思い込んでしまいました。中学生の子どもたちが、卒業してからも広くつながっていけるような関係性をつくっていこうという発想には至らなかったのです。このときには、その後、子どもたちとの関係を「自分が自分が」と背負い込み、しだいに身動きがとれなくなり苦しむことになっていくとはまったく思ってはいませんでした。

次の転勤した学校でも、苦しい生活環境のなかで生活し、毎日の家庭訪問が欠かせない子どもが何人もいました。学年として、学校としてどう対応するかということなしに、一人で何とかしようとすること自体、無理なことでした。

「若者の集い」での出会い

障害のある仲間とつながるサークル「もちっこ」の子どもたちと「若者の集い」にかかわるようになりました。その集まりを、できたばかりの第十八中学校の新しい体育館で行ったときのことです。松葉づえ姿で障害者の立場から発言し、多方面で活躍している牧口一二《いちじ》さんをゲストに招くことになり、私は当日お迎えをする役割になりました。

校舎の入り口で待っていると、正門からゆっくり入ってくる牧口さんの姿が見えました。一緒に校舎に入ってスリッパを牧口さんの足元に「どうぞ」と置きました。牧口さんは「ありがとう。でも僕はスリッパ履けないんだよ」と言って、右足にスリッパひっかけて歩くとスリッパが飛んでいきました。右足が腰のつけ根のところから動かない牧口さんにスリッパをすすめる自分が情けなくて、一緒に体育館に行ったのですが、「大失敗をしてしまった」と心のなかでくり返しながら、その日の「若者の集い」をまったく楽しむことができなかったことを覚えています。

しかし、その後牧口さんとは中学校に来ていただいたり、一緒にパネルディスカッションに登場したり、2022年11月には車イスで南桜塚小学校に来てくださるなどおつき合いが続いていっていったことを、とてもうれしく思っています。また、1999年4月から始まったNHK大阪放送局制作の『きらっといきる』に牧口さんが出演され、広く活躍されたことも豊中の教職員にはとてもうれしいことでした。

中学校でお話をしていただいたときにとくに印象に残っているのが、「人にはいろんな歩き方がある」という話でした。「車イスで歩く、松葉づえで歩く、口で歩く。いろいろな歩き方があります。口で歩くことができる人」との問いかけに、男子生徒が手をあげ、うつぶせに寝転がり口を床につけて懸命に前に進もうとしたのです。その姿に笑いが起こりました。男子生徒は「無理やわー」と、牧口さんが最も望んでいたであろう動きをしてくれました。

牧口さんが「口で歩くというのは……」と語り始めました。

グラフィックデザイナーをしている私の仕事場を訪ねたいという電話がかかってきました。日時の約束をし、その日、仕事場の下にある喫茶店に迎えに行くと、ベッド式の車イスに横たわった人が「こんにちは」と言ったんです。介助の人を探したがいませんでした。

ベッドに横になって、一人で大阪までやってきたのです。話を聞くと、母親に家の前までベッドを出してもらい、道ゆく人に声をかけ、駅に行く人を見つけベッドを押してもらって駅まで行きます。駅でも声をかけ同じ方面に行く人を探す。これをくり返して、四国から大阪の私の元までやって来たのです。

この口を動かし声をかけ長距離を移動してきたことを、「口で歩く」と牧口さんは語ったのです。体育館に集まった子どもたちからは「おおー、そういうことか」など、さまざまな声が上がりました。

教室に戻って今日の話について意見を出し合っていると、ある子がこう言いました。

「口で歩くということがどういうことか最初全然わからなかったけれど、周りの人の力を借りるという歩き方もあるということが分かった。でも、思ったのは、たくさんの人に断られたり無視されたりしただろうなということです。嫌な思いをしたり、つらかったことを愚痴らなかったのかなあと思った。」

この意見に、教室にいる子どもたちの多くも、私も、口で歩くということをいい話としてだけ聞いていて、「断られたり無視されたり」という社会の厳しい現実に向いていなかったことに気づき、教室は重いため息につつまれました。

「もう歳だから話をしに学校には行かない」と言う牧口さんでしたが、南桜塚小学校の子どもたちに出会っていただきたくて「南桜塚小学校を最後の学校にしてください」と頼み込みました。牧口さんは「3年生や4年生に話をするのが一番おもしろい。言葉が増えてきて、これを質問してはダメという感覚がまだあまりないから、遠慮なしの質問がおもしろいんや」と言いながら、なんと1・2年生、3・4年生、5・6年生と3回もお話をしてくださったのです。

牧口さんは、突然車イスで子どもたちのなかに突っ込んでいったり、「いっちゃんと呼んでね」と大きな声で子どもたちに呼びかけたり、以前と変わらない元気な姿を見せてくださいました。話の後「いっちゃん。いっちゃん」と牧口さんを取り囲む子どもたちの姿も、30年、35年前と変わりませんでした。

仲間と一緒に高校へ行きたい

「あんたは何もわかってない。あかんわ」と言われた先輩にすすめられ、大阪の松原市立松原第三中学校の研究会に行ったときのことです。中学校に着くと中学生が署名を集めていました。「中学生に署名を集めさしたらあかんやろう」と思いながら声をかけ、何の署名を集めているかを尋ねました。すると、「小学校・中学校と一緒に学んできた『障害』

のある仲間と一緒に松原高校に行きたいんです」と言います。「仲間と一緒に」と語る真剣なまなざしがいつまでも心に残りました。

経験の浅かった私は、出会った生徒や教職員の真剣な姿、これまでの学校の枠をはみ出して新しいものをつくり出そうとする熱にあこがれのようなものを抱きました。この研究会へ参加したことで、私にとって三中教育がめざすべき教育になっていきました。

その後、何度も松原第三中学校の校長室を訪ね、校長先生から歴史的な流れや教育課題について話を聞き、励ましを受けながら充実した時間を過ごしていました。

ある日、校長先生が「今日、うちの職員会議に出てみるか」とおっしゃったのです。三中の職員会議がどんな雰囲気のなかで行われるのか、経験したいという思いがふくらみました。すると、隣の職員室から先生が一人入ってきて、「私は今日クラスの子どもの話をします。涙が止まらなくなるかもしれません。そんな姿を他校の先生に見られたくないんです」と校長先生に訴えたのです。

校長先生は「ということや、今日は遠慮して。わるい」とおっしゃいました。職員会議に他校の職員を誘うようなことは、常識では考えられません。職員会議で厳しい状況に置かれた子どもの話が語られ議論になるという、教育の世界はここまで真剣勝負なんだと、私に伝えるための突然のやりとりであったのではないかとも思います。ここまで真剣に教育に向き合う人たちがいることを知り、ますます三中教育に魅入られていきました。

「準高生」は、松原第三中学校の生徒たちが「障害のある仲間とともに松原高校に行くんだ」という強い思いから生まれました。2万人にも及ぶ署名から始まったこの運動は、1978年、大阪府立松原高校においてホームルーム活動などでの受け入れから実績を積み、授業を受講するまでに発展していきました。

正式な制度ではなく、高校側の独自の活動であり、生徒たち自らの強い思いと行動があったからこそ、高校でもともに生きる状況が生まれたと言えます。大人が道筋をつけ、ともに学ぶ状況をつくろうとしても、「準高生」の実践は成立しえなかったでしょう。

この「準高生」が発展して、2001年度からは松原高校など4校が「知的障害のある生徒の高等学校受入れに係る調査研究」校に指定され、2006年度からは「知的障がい生徒自立支援コース」という正式な制度として、軽度知的障害者を受け入れるようになりました。

みんなと地元の高校行きたいんや

初任校で初めて担任した子どもたちとともに2年間を過ごし、いよいよ3年生の担任として3年目がスタートしました。少しは余裕が出てきたことと、校内進路委員会で管理職、進路担当、11人の担任で一人ひとりの進路を検討し、その結果をもって進路懇談（生徒・保護者との三者懇談）に臨むため、困ることはありませんでした。

2学期が終わり新しい年を迎え、私立高校入試も終わり、いよいよ公立高校受験校決定のための三者懇談の時期が来ました。ゆうじの懇談で、本人が考えている受験校は、地元校である△△高等学校でした。それを聞いた母親はキッとゆうじのほうを向き、「違うでしょう！」ときっぱりと言いました。慌てる様子もなくゆうじは母親に向かって言いました。「ぼくはみんなと△△高校に行きたい。行ってよかったという高校生活をしたいんや。」

ややうろたえぎみの母親は「何言ってんの。あなたが行くのは□□高校でしょ。お母さんはずっとそう思ってた」と言います。それぞれの思いを親子で十分話してこなかったようです。親子でよく話し、後日もう一度懇談をすることとしました。次の懇談での話は早かったです。ゆうじが一言「△△高校を受験します」で決着しました。横で母親もおだやかな表情でうなずいていました。

豊中では高校受験に際して、地元育成の取り組みをしていました。１９７０年代に入って中学校卒業生の急増に伴い、進学する公立高校が不足し、受験競争が過熱するなど「進路保障」が深刻な社会問題となっていました。豊中市教職員組合は１９７１年12月に中学校校長会・豊中市教育委員会とともに進路保障委員会を発足させ、「生徒の未来を保障する」ことをめざして高校増設、誘致の運動に取り組んでいきました。

そして子どもの急増期が終わる１９８０年代半ばになると、高校増設の目的は達成し、次に高校教育の内容の充実に関心が移っていきました。進学する子どもたちが主体的にかかわり高校を育てる、充実した高校生活を送ることをめざしたのです。

各中学校の進路担当が集まる進路保障委員会で地元育成について活発に議論し、各校の進路学活②に生かし、豊中市内の中学校で地元校とされる高校にできるだけ多く進学する取り組みを進めていきました。

このようななかで、ゆうじのような強い思いが生まれてきたのです。しかし、母親は進学校への進学を強く望んでいたのは確かです。私のなかには「これでよかったのか」という迷いがありました。

子どもたちが高校に進学して３ヵ月ほど経った頃、一通の招待状が届きました。豊中市内の野外音楽堂で行われるロックコンサートの招待状がゆうじから届いたのです。たくさんのロックバンドとともに出演して１曲歌うそうです。喜んで当日会場に向かいました。

すでにゆうじの母親が来ており、あいさつを交わして横に座りました。

いよいよバンドの登場です。登場した姿を見て、私はひっくり返りそうになりました。髪の毛は鋭く立ち、鎖のついた服装、派手なポーズ……、△△高校に行ってこんなことになってしまったと頭を抱えてしまいました。

演奏が終わった後、恐る恐る母親の方を見ると、笑顔で「先生、正解でした。私こんな顔の息子、これまで見たことなかったんです。高校に行ってから、今まで家で見たことないええ顔して学校から帰ってくるようになったんです。今まで、私の思いを一生懸命押しつけていたんでしょうか。本当に、これでよかったと思ってます。息子の人生ですから」としみじみと語りました。私は「そ、そうなんや」と多少混乱しながら「よかったです。本当によかったです」と言うしかありませんでした。

教職員が議論し意見をぶつけ合うなかで

教育の発展に教職員組合の果たした役割は非常に大きかったと言えます。私がつとめた当時、校内の人権研究会では、毎回激しい議論がくり広げられていました。障害児教育では、「ともに学ぶ」教育と「発達保障論[③]」のぶつかりでした。これといって自分の考えを持っていなかった私は、どちらからの発言も「そうかー」と納得してしまうような説得力のある議論で、大いに学びのある場でした。

組織率１００％（実際は96％とも99％とも聞いていました）を誇る組合活動なくして豊中の教育の発展はあり得なかったと断言できます。組合の代表者会で障害児教育委員会の開催のために各校で担当者選出の提案がされると、すべての学校で選出し、委員会が開催され、組合方針が徹底されました。さまざまな考えがあり、意見を闘わせながら、豊中では教職員が、考えの違いを乗り越えて、ともにつながり力強く教育を維持・発展させてきたと言えます。

１９７０年代、日本教職員組合（日教組）運動が大阪の地で形骸化して教育研究活動も沈滞を招き、多くの教職員が大阪の教育に危機感を持っていました。このようななか、豊中など15の教職員組合（15単組）は、連携し運動を進めていきました。１９７５年、15単組は平和教育研究集会を開催し、平和教育の実践を交流しました。そこでは、修学旅行を平和学習を深める機会ととらえるなど、学校行事を子ども主体に改革していこうと活発な議論が展開されました。

１９７７年には「障害」児教育研究集会を開催し、今につながる「共に《ママ》学ぶ」教育が大阪府内の取り組みとして広がり、大阪の実践を全国へと発信していきました。１９８１年には在日朝鮮人教育研究集会を開催し、大阪府在日外国人教育研究協議会（府外教）結成へとつながっていきました。また、同年に進路保障研究集会、１９８５年には女子教育研究集会と取り組みが広がり、大阪の人権教育の礎を築いていきました。

日本の労働運動は、１９８０年代半ばまで労働４団体と呼ばれるナショナルセンターに分立していました。日教組は、そのなかでも最大の勢力を誇っていた全日本労働総同盟（総評）に加盟しており、労使対決路線をとっていました。１９８７年、全日本民間労働組合連合会（民間連合）が結成され、民間労働組合が先行して労働界の統一の流れをつくりました。

１９８９年、すでに統一を果たしていた民間労働組合とともに官民統一によるナショナルセンターである日本労働組合総連合（連合）が誕生しました。日教組の連合加盟により大阪教職員組合（大教祖）は日教組を脱退し、大阪における日教組はかたちのうえで消滅します。

しかし、15単組を中心に大阪府内で日教組に結集する人々によって１９８９年11月22日に再建大会を成功させ、大阪府教職員組合（大阪教組）が結成されます。人権教育の維持・発展に力を入れていた青年部の若者も、青年部細則の作成から始めて再建を果たし、青年教職員のつながりは強まっていきました。一方、すでに１９８３年に労働組合の組織率は３割を切ったと言われており、組合の分裂によって、さらに組合を離れる教職員も多く、厳しい組織状況となっていきました。

これまで、各学校ではことあるごとに分会会議を開き、要求項目のとりまとめや学級運営のこと、日々の取り組みについて議論し、教職員仲間とのつながりを感じながら教育実践にあたっていました。それが、組合員の減少により、分会会議が全教職員の議論の場とはならず、次第に教職員間のつながりが薄くなり、一人ひとりが孤立していく状況になっていきました。

押し寄せる新たな施策で息がつまる学校

今日、教職員の働き方改革が盛んに言われ、教職調整額の増額や長時間勤務の解消が議題にのぼっています。しかし、世間から見ると、学校の職員は給料が上がるとしか見えないのではないでしょうか。給料が上がるのだから、長時間勤務も当たり前となるのではないかと、学校現場では危惧しています。

学校現場の教職員は、勤務する時間が長いから「大変だ」と言っているのでしょうか。いいえ、次から次へとかぶせられてくる新しい施策に、息がつまりそうになっているのです。それが教育現場の実態とかけ離れたものであれば、なおさらです。

土曜日がまだ週休日ではなかったときには、中学校でクラブ活動の試合は日曜日に組まれることが多かったです。土曜日の午後にクラブ対抗駅伝を実施したり、練習の後に時間をかけてクラブミーティングを行ったりもしていました。

また、私の場合は午後7時30分から「よみかき・きょうしつ・とよなか（識字学級）」に行き、帰りは午後11時を過ぎることも珍しくはありませんでした。放課後に、数人の仲間と自主研修会を行い、授業力の向上を図っていた教職員もいました。それでも今言われるような学校の勤務が過酷であるとは、まったく思っていませんでした。

それはどうしてでしょうか。そこには、教職員がお互いを知り、新たな出会いがあり、悩みぬいていることへのヒントがあり、そもそも学校教育にはたくさんの隙間がありました。隙間があるからこそ議論が始まり、教職員一人ひとりが主体的に語り悩むのです。そこから出てくる他者から学ぶという姿勢があってこそ、自らのなかに蓄積した経験が生き、日々学校が再生されていきました。自ら考え行動し、子どもたちとともに成長しているという実感がありました。

提示された目標に向かってひたすら走り続け、立ち止まると進捗状況に影響が出ていると指摘されるような状況のなかでは、教育を創造するなんてできるわけがありません。ずれてしまった多様な学びの創造が、多岐にわたる押しつけになっていないか、また、決めつけになっていないかを検証しなければならない時期に来ています。

他方でこの今の流れをとめることができないのであれば、いっそ制度をうまく使って、夢がいっぱいつまった学校づくりにとりかかろうではないかと、そんなことを考え続けています。

初めての転勤

朝から学校の周りを単車が暴走する。その前に立ちはだかるとその横をすり抜けていく。校内をたばこの吸い殻を拾って回るとバケツにどんどんたまっていく。普段使わない部屋のナンバーキーを開けようとすると開かない。すでにキーは取り換えられていて格好の夕バコ部屋になっていた。書き出すときりがなくなってしまいます。

こう書くと今では考えられない非行が校内に蔓延し、救いのない状況のように思えます。しかし、こんな生徒たちに「ほっとかへんで」と迫っていったときに小さな光が見えてきました。そんな生徒たちの準備されていない、突然発せられる言葉の数々がきらりと輝くことに気づいたのです。私たちが日常の学校生活で生徒たちと距離をとり、「もうほっとかなしょうがない」と、あきらめにも似た言葉を心でくり返していたときに、また、前を向かせてくれる言葉に出会うのです。

机の上にいきなり足が

２校目の学校。１校目の7年間の経験を生かし、３年間を見通して子どもの成長を見ていきたいと、はりきっての転勤でした。しかし、校長からは2年生の担任をやってほしいと頼まれました。やや不本意ながら、初任校での7年間で自信もつき、どんな状況であってもやれるという気になっていました。

初めての国語の授業で教室に行くと、廊下側から2列目、一番前の席のたかおが、足を机の上に乗せ、腕を組んでこちらをにらんでいました。初めての授業を注意で始めるのもどうかと思い、自己紹介をしたり教科書を開けて話をしたりしながら、「そろそろ足降ろそか」とそれは優しく語りかけました。もちろん降ろすことなく、こちらをにらんでいます。

授業を進め、また声をかけるのですが、同じことです。4回、5回とこのようなことをくり返し、まわりの子どもたちも私の対応を注目しているように思い、「ええかげんにせえ！」とどなり、机の上の足を無理に降ろしました。するとたかおは立ち上がり、私の胸ぐらをつかみました。私もとっさにたかおの胸ぐらをつかみ、にらみ合いになりました。教室は静まり返っています。

そのとき、「障害」のある子の入り込みで教室にいた先生が、「まーまー、まーまー」と言いながら「まーまー」だけで2人を引き離そうとしました。私はすぐに手をはなし、続いてたかおが手をはなそうとする瞬間に言った言葉にえらく納得してしまったのです。

「この学校ではおれの方が先輩やぞ！」

そのとおりです。私はこの学校に来て10日ほどしか経っていません。たかおは1年と10日、う〜ん先輩です。

翌日も国語の授業があります。授業のことを考えるとその日の夜は眠れませんでした。翌日、重い気持ちで教室に行くと、なんとたかおの足は机の上ではなく、机の下に収まっていたのです。ホッとして授業を進めていましたが、授業が終わると突然たかおが立ち上がり、こちらに向かってきました。殴られるのではないかと、黒板に背中をくっつけて身構えました。

すると、「先生、おれ、怒られたの久しぶりや」と言ったのです。意味が分からず、「何が」と聞くと「昨日、ほら、おれ怒られたやろ」と笑顔で言うのです。

そこで私も理解でき、「怒ってなんかないよ。どうしたらいいか困ってたんや」と言うと、実にうれしそうな笑顔でこちらを見つめ続けていました。昨日、放課後入り込みの先生からのアドバイスがありました。「たかおは、授業の邪魔はしないからほっといても大丈夫や」と言われたのです。きっとたかおはほっとかれていたのでしょう。しかられるのが嫌なのではなく、ほっとかれるのがきっと嫌だったのでしょう。

一番腹立つのは無視されること

毎日、授業中の廊下は商店街のようでした。「教室に入れ」「うるさい黙れ」子どもたちとこんなやりとりをしているうちに、時間は15分、20分と経っていきます。

学年の教職員で話し合い、授業の空き時間の教職員が、廊下に出ている子どもたちを無理に教室に入れないで、床に座ってゆっくり話をすることになりました。それからまもなく、私も話をする機会が訪れました。

「まあ座れ、教室はええ。ゆっくり話しよう」と言うと、意外に簡単に7人ほどが座り、車座になって話を始めることができました。「授業も出えへんのに、なんで学校に来るんや」と聞くと、一人が「そんなん、相手になってくれるのは学校だけや」と言い切りました。

それは、学校から出たら、この子らのいかつい風貌、えらそうな物の言いよう、世間からは避けられ相手にしてもらえないわなー、でも私たちはこの子らの相手ができてるんやろかと、そんなことを考えていると、「先生、おれらが一番腹立つことってわかるか」と聞いてきました。

「わけも聞かんと、どなられることか。何度も注意されることか」と言ってみると、「ちがう、無視されることや」と言ったのです。これでも何も言わんのか、これでも無視するんかと、行動をエスカレートさせているのが、この子たちの一生懸命さだったのです。

周りの大人は何をしてもしかることなく、相手にもなってくれない、わけも聞いてくれない、こんなさみしいことはありません。相手になってくれる人がいるということが、人生をどれほど充実したものにしていくか、そんなことを気づかせてくれました。

正門に他校生がたむろしていると、それは間違いなく自分たちが通う学校から排除され、流れてきた子どもたちでした。「髪の毛を黒く染めてこい。校則で決まっている制服に着替えてこい」と、自分の学校の門を閉められて、ほかに相手になってくれそうな人・場所を求めてさまよいやってきたのです。

夜、公園の街灯のそばや高架下に集まっている子どもたちを大人が見回り排除したところで、次の行き場所を探すだけです。地域の子どもを地域から追い出すだけです。大人が座り込んで、行き場を失った子どもたちと話し込み、相手になりながら、人がつながる地域で安心して生活できる環境をつくっていくことが大事だと、子どもたちの訴えで気づかされたのです。

その年の卒業式は、教職員にとって忘れることのできない日となりました。卒業式は進んでいき、一人の卒業生が卒業の言葉を読み始めました。「春の日差しが……」などと型どおりの言葉が続きます。子どもたちの3年間の思いがこもった心から出た言葉ではありません。当然、心に届くような言葉がありません。

しかし最後に、「ぼくたちを3年間担任してくれた先生はいませんでした〜！」と叫んだのです。会場はざわつき、その後シーンと静まりかえりました。1年生を担任し、子どもたちが荒れ（たように感じる）、この子らを2年生で担任をするのは無理と、他の学年に行こうとしたり、転勤を望んだりと、子どもたちから逃げたいと考えることもあったのでしょう。子どもたちの総意として出てきた言葉はとても重いものでした。

中学校は3年間の見通しをもって、いろいろあって大変やけど、何があっても逃げることなくこの子らの進路を保障しようと悩み続けてこそ、心は信頼でつながっていくのです。「一番腹立つのは無視されることや。先生どうなんや」と私たちの現実を告発されたのです。

「ぼくたちを3年間担任してくれた先生はいませんでした〜！」の言葉をどの学年も中心

に置いて、春休みに連日学年会で新年度の教職員の姿勢と学年の方向性を話し合いました。

先生は私のこと見ていなかった

中学3年生を担任し、卒業式も終わって記念の写真もたくさん撮り、職員室で思い出にひたっていると、「橋もっさん、子どもが帰って来とるで」と声がかかりました。なぜ職員室まで来ないんだろうと思いながら、下足室まで行くと、深刻な顔をしたエリカが一人ぽつんと立っていました。

声をかけると、「先生に言おうか迷ったけど、やっぱり言うておくわ」と語り出しました。「私も、いつみちゃんみたいに、『放課後話しようか』と声をかけてほしかった。しかってほしかった」と言ったのです。

ですが、エリカは成績抜群、懇談をすると母親は「家の手伝いをよくしてくれるし、勉強のことも何も言ったことがありません」という子どもなのです。クラスで役割が決まらなかったら「私やってもいいよ」と手をあげる子なのです。

エリカに言いました。「そんな……、話する必要なんてなかったし、しかるようなこともなかったやろ。」

エリカはきっぱりと「先生は私を見ていなかった。私もお母さんとけんかしたり、友だちとうまくいかなくて話を聞いてほしかったことといっぱいあったし、わざとしかられるようなことしてたんよ」と言いました。私はただ「そうか」としか返す言葉がありませんでした。

初任者のときからしんどい子を中心にしたクラスづくりが大事やと先輩から言われ続け、そのとおりにしてきたつもりでいました。卒業式でもやり切った満足感にひたっていました。週に一つはすべての子のいいところを書き残していこうと「いいとこノート」などをつくっていましたが、エリカのところは何も書いておらずまっ白でした。

よくぞ戻ってきて、迷いながらも「先生は私を見ていなかった」と伝えてくれたと思います。もしこれがなかったら、その後の私は、ふつうの子たちを意識することなく、「この子は大丈夫」と思い込み、さみしい思いをさせていたことでしょう。

その後、21世紀に入り、普通の子が危ないと言われ、さまざまな事件が起こってくるたびに、あのときのエリカを思い出すのです。

静かな学校

3校目の学校生活が始まりました。

まず、学校全体の静けさを感じていました。ある日一人の生徒が「先生この学校、豊中で勉強2番やろ」と言いました。どうも塾で仕入れた話のようです。「市内で統一テストをしてるわけでもないんで、それは初めて聞く話やな」と返したのですが、学習面でよくできるという世間の評価はあったようです。

ある日、職員室で担任からどなりちらされている生徒がいました。下を向いて、深く反省しているように見えました。その生徒が職員室から出る、そのすぐ後に私も職員室を出ました。すると、担任には絶対見えない場所で、こぶしをつくりなぐるポーズをし、舌を出したのです。

この現実を見て、私は、私のなかにまだ存在していた「素直な生徒が多そうだから、上から押さえつければやっていける」との思いを、急遽転換したのでした。

私、それでもうれしかったよ

私が1年生の担任をしていた夏休みに、すずかが私立中学校から転校してきました。いじめにあい、つらい日々を過ごしたということでした。

話を聞くと、ある授業で声が小さいことを教科担任から指摘されたそうです。すずかにとってはそれが精いっぱいの声だったのですが、「その端の席、聞こえるか」「聞こえませんー」「そっちは」「聞っこえませーん。」

こんなやりとりがあり、その後の授業では、先生が何も言わなくても、ミニ担任がいっぱい生まれ、あちこちから「聞こえません」という声がたくさん投げかけられるようになりました。耐えられなくなり、しだいに学校に行かなくなって地域の学校に戻ってきたということです。

当時の私は、学校に行きにくくなっている子どもを何とかできるという自信がありました（何の確証もない自信ではあったのですが）。学年会ですぐに担任をしたいと申し出ました。それから家庭訪問をしたのですが、家に行ってもまったく姿を見せてくれません。母親と少し話をして帰ってくることのくり返しでした。

１ヵ月ほどが経っても変化はありません。「まだまだ、ねばらなあかん」と思い、玄関で座らせてもらって独り言のように「学校の先生は、簡単には帰らないんや。ゆっくりさせてもらうな」と言って、30分～1時間、玄関で居座ることにしました。

それから2週間ほど経ったころ、気がつくと奥の扉が少し開いていて、すずかがのぞいています。手招きをしたのですが、すぐ奥に引っ込みます。日にちだけが経過していくなか、私のなかにあった不登校対応の自信はガタガタに崩れていました。

ですが、そんなくり返しがあり、ある日ついに奥から出てきてくれたのです。向き合って、お互いに言葉を交わすまで3ヵ月が経っていました。

学校で話をする約束をし、私がたっぷり時間をとれる日に設定しました。当日は3時間向き合っていましたが、出てくるのは「しんどい」「つらい」などのわずかな言葉だけでした。

それでもその後、別室に登校する日もあり、小学校時代の人間関係も考慮しながらクラス替えをして、2年生でも私が担任をすることにしました。1学期の大きな行事、1泊2日のキャンプに向けて、班決めでもめることはあったのですが、参加することができました。班のメンバーで過ごすことがつらくなったときのために別室も用意していたのですが、使うことはありませんでした。

1学期も後半が過ぎ、暑い日が続いていたころ、少しずつ教室で過ごすことができるようになり、週に一度ほどは気持ちを聞いたり世間話をする時間を持つようにしていました。そして初めて気がついたのです。この暑さのなか、誰もが半そでのシャツやポロシャツを着ているのに、すずかは長そでを着ています。なぜかその日、このことがやけに気になりました。

「ちょっとごめん」と言って、袖を少し上げてみました。すると手首にたくさんの切り傷がありました。びっくりした私は、「どうしたんやこれは」と叫びました。「切っちゃった。でも大丈夫」と言うのです。これはどう見ても大丈夫ではない。すぐに電話で母親に伝えると、母親は「そんなに深く切りません」と言うのです。これはいかんと、すぐに家庭訪問をしました。

「命にかかわることですよ」と話しても、母親に切迫感はなく、なんとなく聞き流しているようでした。「もし今度切ったら、抱きしめて、『やめて、あなたは大事な大事な私のむすめよ』と言ってください」と、強い口調で私の思いを伝えました。その後何度もお願いし、家を出たのですが、母親はあまり乗り気ではない、何とも言えない表情をしていました。

それからさほど日が経っていないある日、「先生、また切っちゃった」と伝えに来ました。びっくりした私は、相談室で傷を見ました。痛々しく、何を言えばいいのか言葉が出ませんでした。うつむきかげんであったすずかが顔を上げて「お母さん、私を抱きしめて『やめて』と言ったんよ」と、少し笑顔を見せて言いました。私は内心、「お母さん、やったな」と思いました。しかし、その後の言葉に今度は私がうつむくしかありませんでした。

「先生がお母さんに言ったんやろ。約束したんやろ。私わかってるよ。」

しまった、よけいなことをしてしまった。深くすずかを傷つけたであろうと頭の中が真っ白になってしまいました。しばらくの沈黙の後、ゆっくり、はっきりとすずかが語ったのです。

「先生、それでも私うれしかったよ。今までお母さんあんなことしてくれなかったもん。」

うつむいたまま、私は涙が止まらなくなってしまいました。

10時や10時や！

学校で子ども同士のトラブルがあり、どうしても父親と話をする必要が出てきました。電話を入れ、家庭訪問をし、話をしたいことを伝えると「先生、ええけどな。わし5時や6時に家におらんで。忙しいんや。10時や。10時やったらおるわ」と返ってきました。10時まではたっぷり時間があるので、いったん帰宅し食事をとって風呂にも入り、10時少し前に家庭訪問をしました。

父親はまだ帰宅しておらず、待たしてもらうことにしました。10時を少し回ったところで帰宅した父親は、私の姿を見て大いに驚き、「先生来てたんか」と大きな声で叫びました。

「10時や言うから来たんですよ。約束したじゃないですか」と私。その後は「まあ上がって」と座布団は出てくるは、酒を持ってくるは、アテ（おつまみ）あるかと叫んで大歓迎が始まりました。

いちおう、今日の家庭訪問の目的に沿った話はしましたが、トラブルの話はそこそこに、上機嫌の父親から、子どものことを心配していることや、仕事の苦労、生い立ちなど、たっぷりと聞くことができました。10時に家庭訪問をしたことで9割がた解決してしまったと言えるかもしれません。

また、別の父親とこんなこともありました。家庭訪問中に帰宅した父親も交えて子どもの話をしていると、「先生、もうそろそろ話はいいでしょう。送っていきますわ」と言われたことがあります。まだ若かった私は、単純に送ってもらえたら帰りが楽やなあと思い、言葉に甘えました。

「先生、そんな話もうええ。帰って」という意味も含んでいるとは、そのときにはまったく思いませんでした。父親に送ってもらい、車の中で2人でゆっくり話ができました。結果的にとてもいい時間を過ごせたと思います。

今だから言えるのですが、子どものいる前ではどうしても話しにくいことがあったのだと思います。父親としての思いを車のなかでゆっくりと聞くことができました。「いつまでも話さんとはよ帰れ」ということと、「これだけは聞いてくれ」という両方があったのだと思います。

今、このような家庭訪問はあり得ないでしょう。ただ言えることは、子どものことはもちろん、家庭のことも学校は気にしていますよと、どのように伝えるかということです。言葉だけではなかなか伝わりません。行動で伝えていくということです。

ゆっくりしたい

秋のさわやかな気候のなか、教室にいるのがもったいないような気持ちになりました。午後の時間帯、グラウンドはどのクラスも使わず空いています。私は何とか子どもたちの方から「グラウンドで遊びたい」と言わせようとしました。

「次の時間、教科の授業以外のことをしようと思うんやけど、何かしたいことあるか」と聞いてみました。しばらく沈黙が続きました。困った私は、何か言ってくれそうなひろみつに「どうや、何かしたいことないか」と尋ねました。

しばらく考えたひろみつは一言「ゆっくりしたい」と言いました。

「みんなどうしたんや、そんなに疲れてんのか！」と訴えるように言うと、クラス全体がそのとおりという反応。「それやったら、みんな次の時間はゆっくりしよう。ただ、授業時間なので、どうぞゆっくりしてくださいとはしません。今から職員室に帰って絵本持ってきて読み聞かせをします。寝ててもいいし、自分の机で何しててもいいから」と、教室で、絵も見せながら絵本を読みました。机に伏せている生徒や頬杖をついている生徒、じっと目を閉じている生徒などさまざまでした。

そのときの絵本は、ひぐちともこさんの『4こうねんのぼく』（そうえん社）でした。読み終えて休憩に入ると、何人かの生徒がやってきて、「先生、久しぶりにお母さんのこと思い出したわ」「今、お父さんとけんかしてるんやけど、今日私から話しかけてみるわ」「絵本ってけっこうおもしろいな」と言ったのです。たまたま書店で変わったタイトルに惹かれて購入した絵本が中学生の心に響いたようです。それから私の机に絵本が一気に増えていきました。

今、うちの店で魚見てるわ

いつもは友だちと登校してくる支援学級在籍のおさむが今日はまだ来ていません。家に連絡すると、少し遅れて家を出た、ということです。通学路を探しに行こうと学校を出ようとしたとき、電話がかかってきました。校区にある魚屋さんからでした。

「いつも店の前を通る子やけど、今日は一人で歩いてたんで、心配になってうちの店で遊んでいきゆうて声かけたんで、迎えに来たって。今楽しそうに魚見てるわ」という電話でした。

名前までは知らなくても、地域の人が子どものことを知っているのです。そして、気にかけてくれているのです。いつも途中で出会い、合流して一緒に行く友だちも、待ち合わせをしているわけでもなく、その日によってメンバーが変わるので、気にもとめず登校したようです。

迎えに行くと、おさむは最高の笑顔で魚を見ていました。

指導主事としての限界を感じながら

25年間中学校につとめました。経験を積むなかで、教育委員会の指導主事とのやりとりも増えてきました。「中学校につとめ始めて3年間は内も外も頼まれた仕事はすべて引き受ける」と決めていたので、多くの経験を積むことができました。のちにそれを5年に延長し、しだいに年数はどこかに飛んでいってしまい、何事も断りませんでした。「役割を引き受ける者がいなければ、最後は橋本」と言われるのがうれしく感じるようになっていました。ただ、人がいなければということで、私が適任ということではけっしてありませんでした。しかし、世界が広がることにいつもワクワクしていました。

26年目は、豊中市教育委員会人権教育企画課でつとめることになりました。

この課には相談窓口はありません。しかし、市内の学校の保護者から相談電話がかかってきます。相談窓口ではないことを伝えるのですが、多くの方が「市のホームページを見て、どこに電話すればいいかわからなかったけれど、人権とついているところなら話を聞いてもらえるかなと思って」とおっしゃるのです。そう言われると他の部署に電話を回せなくなってしまいます。話を聞くと、ほとんどが学校に直接相談して解決できることばかりです。

学校の先生は忙しくて、申しわけなくて相談できないとおっしゃる方が非常に多くいました。また、学校にもっと真剣に話を聞いて対応してほしいという声を何度も聞いてきました。しかし、どれもこれも子どものことは学校抜きで話は進みません。行政の立場で、保護者と学校をうまくつないでいくことに苦心しました。学校の心が、地域に向けていつも開かれていると感じてもらえるような取り組みの蓄積が必要だと感じていました。深刻な問題については、第三者機関の存在も重要になってきます。

市民から豊中にも第三者機関の誕生を望む声が聞こえてきました。それは兵庫県川西市の制度を意識したものでした。１９９４年に「国連子どもの権利条約」が日本で批准されました。12条の「意見表明権」などは、「子どもは黙っとけ」と言われかねない日本において、すんなりとは受け入れられない、また、広まりを欠くものであると思えました。

しかし、そこには子どもが本来有しているはずのさまざまな権利が規定されていました。時代は、１９８０年代の中・高生の非行から、１９９０年代に入り、教育現場ではいじめ問題への対応が迫られていました。学校の荒れを経験している教職員は、いじめ対応のなかで再びその経験をしたくないという思いから、管理的な教育に向かう傾向が見られました。

川西市では、「子どもの人権と教育」検討委員会を設置し、市が条例案を作成し、市議会の承認を得て１９９８年２月、全国初の「子どもの人権オンブズパーソン条例」が制定されました。「市長直属の付属機関として市長部局に、公的第三者機関として設置する」（桜井智恵子『子どもの声を社会へ』岩波書店、２０１２年、10頁）という、教育委員会から距離を置く画期的なものでした。

豊中にも必要ではないかと期待する市民からの声を聞き、私も事務局を訪ねるために川西市役所に出向いて話を聞きました。子どもの声や意見が社会に反映されるためには、「子どもの権利」という発想が生まれにくい日本社会において絶対に必要な制度だと感じました。

しかし、たくさんの自治体が視察に訪れるけれど現実は厳しく、また「学校に圧力を加える制度ではないか」などの誤解もあって、全国でほかに制度制定の報告を受けることはほとんどないという話でした。豊中においても制定への動きをつくることはできませんでした。

ただ、学ぶべき点がありました。ひととおりの話を聞いた後、「もう少しいてください。小学生が見学に来ますから」と声をかけてくださいました。それは、小学生と相談員の出会いの場でした。小学生と相談員が向き合って「あなたたちが相談の電話をかけると、この相談員がお話をします」とお互いに顔を合わせるのです。学校でカードを配って「この番号にかければ何でも相談できます」で済ますのとは大違いなのです。

これまでに、相談したらしかられたとか、説教されたという話を豊中の子どもから聞いたことがあります。川西市では、実際に出会うところから始まり、たくさんの相談が寄せられると聞きました。子どもたちにしてみれば、「電話をすればあの人たちにつながり親身になって相談に乗ってくれる」と顔が浮かべば、相談してみようという気になるでしょう。出会うことで安心感が生まれるのは当然のことです。

２０２１年に兵庫県尼崎市でも「こどもの育ち支援条例」（２００９年制定）に基づき、「子どものための権利擁護委員会」が発足して活動を開始しました。①調査・調整機能、②提言機能、③広報・研修機能の３つの機能を持ち、行政から独立した機関として、子どもたちにとって安心できる心の居場所になることが期待されます。

小学校の校長として

校長として初めて赴任したのが豊中市立克明小学校です。

初任校の豊中市立第五中学校で初めて出会った校長先生は、常に柔らかい語り口調で、周りに人が集まる魅力ある方でした。私も、うれしいことがあっても、つらいことがあっても校長室に入り伝えていました。地域でも信頼を得ている先生でした。

私のなかでは、いつかはあんな校長先生になれたらという思いがありました。夜間中学の教頭から校長になる際には、第五中学校に行くものだと信じ、子どもたちと初めての出会いの際に、いきなり体育館で校歌を歌おうと練習をしていました。

しかし、赴任先は克明小学校でした。この小学校は五中校区の小学校で、五中につとめていたときの子どもたちが保護者として何人もいたのです。私は、少し気恥ずかしい思いがありながら、25年以上前の子どもたちの成長が確認でき、とてもうれしい思いでした。

3月末、前校長から引き継ぎをしているなかで、2点の懸案事項がありました。ひとつめは、2018年度に校区に児童養護施設が開所する予定だが、建設反対の看板が立っているということ。ふたつめは、障害児教育にかかわることで、支援学級在籍のじゅんこの母親が、通常の学級と分けて訓練や学習指導をしてほしいと強く要望してくるので、対応に苦慮しているということでした。この2点についてはていねいに対応してほしいという話でした。

校区にぽかぽかな施設がひとつ増える

ひとつめの児童養護施設については、とにかく校区を歩いて、とくに建設予定地周辺の事情を、できれば住民の方から話を聞きたいと思いました。話をしてみてまず感じたのは、どの方々も児童養護施設と出会ったことがないし、どのような施設かということも知らないということでした。知らないことから来る不安や、なかには「怖い」という感覚でとらえている方もいました。

また、これだけ建物の完成が近づいている現実を見ると、もう看板は下ろしてもいいとは思うのだが、一度掲げた反対の看板を下ろすのは地域の人間関係から困難という事情も聞きました。

しかし、この看板はあとで台風の日に飛ばされてしまい、裏道に1枚残るだけで再び掲げられることはありませんでした。子どもたちが施設に来るときに看板を見てほしくはなかったので、ほっとしました。

一方私たち教職員も、校区に児童養護施設がある学校としてどう取り組めばいいのか、施設から学校に通う子どもにどう対応したらいいのか、学ぶことはたくさんありました。

２０１７年8月に「児童養護施設をむかえるにあたっての対応について」、12月には「施設見学会」の実施など研修を重ねていきました。これまでは学校で保護者を「お母さん、お父さん」と呼ぶことが多くありましたが、「おうちの方に伝えて」と言い換えたり、どのような言葉を使えばすべての子どもたちが受け止めやすいかなど、施設の準備会の方と話し合いを持ちながら確認していきました。

最も大事なのは、克明小学校の子どもたちが施設とどのように出会い、知っていくかということでした。２０１７年11月に、出会いの場として、1・2年生、3・4年生、5・6年生と2学年ごとに1時間ずつ3回、準備室リーダーの土井聡子さんに児童養護施設について説明をしていただきました。

最後に質問の時間をとったのですが、子どもたちからは3回とも同じような質問が出ました。

「施設から来る子と一緒に遊んでもいいですか。」

「一緒に児童館には行けるのですか。」

「施設に遊びに行ってもいいですか。」

「ぼくの家に遊びに来てもらってもいいですか。」

「洗濯はどうするのですか。」

「アレルギーの子はだいじょうぶですか。」

「習い事はできるのですか。」

「自分の部屋はあるのですか。」

「19歳になったら施設を出なくてはいけないのですか。」


子どもたちは、聞いてみたいことがいっぱいありました。どの質問も、新しい仲間を温かく迎えようとする思いのこもったものばかりでした。

土井さんは、「門限などルールはあるけれど、一緒に遊べるし児童館にも行けますよ。施設には一緒に遊べるスペースもあります。みなさんの家と変わらない生活をしていきます」など、一つひとつの質問にていねいに答えてくださいました。子どもたちは、土井さんの言葉をうなずきながら聞いていました。

私たち大人が、「どうしよう」「どうしたらいい」とああだこうだと言っているうちに、子どもたちはまだ出会っていない子たちと遊ぶことを考えていたのです。自分たちが当たり前にできていることができるのかと心配していたのです。心はすでに仲間になっていました。

6年生は、話を聞いたあとで教室に戻り、文章をつづりました。そのなかに「私たちは仲間が増えると喜んでいるけれど、豊中に来る子たちは前の学校の仲間と離れて来るんです。そしたらもっとぽかぽかの学校にならないとあかんと思います」と書いているものがありました。

新しい施設での生活、新しい学校への転校、誰でも不安になります。少しでも多くのことを知って仲間を迎えようとする子どもたちの気持ちがうれしいのです。教職員にとっても、子どもたちとの出会い、施設につとめる方々との出会い、学校は人が集まりゆったり流れる空気のなかで成長していきます。

開所式の日、私は、あいさつのなかで子どもたちのたくさんの質問のことや、6年生の文章を紹介しました。職員の皆さんは涙を流しながら聞いてくださっていました。自治会長も「施設建設反対の声があったが、今は皆さんを歓迎しています。どうかよろしく」と語っていました。

施設の職員の皆さんは、施設の開所前に地域の夏祭りにも参加し、来年は自分たちの店も出したいと話し、この地域での人間関係を一生懸命つくろうとされていました。また、PTAの役員をつとめるつもりだとも聞きました。さらに、勤務していないときでも、何か起これればすぐ駆けつけることができるように、施設の近くに家を探しているという話でした。そこには、施設の職員という立場をこえて、本気で子どもたちの親として生きていこうとする姿がありました。

また、付帯事業として、子育て短期支援事業（ショートステイ、デイステイ）などもあり、校区に児童養護施設ができたことで、また一歩安心して学び生活できる校区に成長しました。

さむくない？

ふたつめの引き継ぎについてです。

赴任してすぐに支援学級在籍の子どもの親の会に集まってもらい、豊中の障害児教育、小学校の障害児教育「ともに学び　ともに生きる」教育について説明をしました。じゅんこの母親は不満いっぱいの顔をしています。その後、何度も話をする機会を持ち、放課後に個別の学習をすることとし、それを見て一緒にやりたいという子が出てくれば、誰でも参加できる学習会にしていくことにしました。

朝、正門で「おはよう」と声をかけている私に、じゅんこの母親が言いました。

「門までは登校支援の人に頼んでいますが、門から教室までは大人が見ていません。なにかあったらどうするんですか。」

集団登校でたくさんの友だちに囲まれているので、校内に入ってから大人が付き添うことは必要ではないと思いました。しかし、階段で転倒の心配もあり、3階までは私が送っていくことにしました。この件一つとっても、相変わらず母親とはしっくりいっていないなと思いました。

それから数日後、じゅんこと教室まで行こうとすると、まわりの子どもたちに「先生、今日は一人で行くって言ってるから、ついてこんといて」と言われました。階段の手すりをしっかり握らないと危ないので、一人では心配です。どうしようかと迷っていると、周りの子たちは絶妙な間隔をとって見守っています。私もそのなかに入れてもらい、一緒に3階まで行きました。ゆっくりと一人で教室まで上がることができました。

私はうれしくて、「やったな!」と叫ぼうとしたのですが、子どもたちは当たり前のように、ランドセルから教科書やノートを出し、日常の生活が始まっていました。喜んでいるのは私一人。お互いにできることとできないことをよく知っているのです。じゅんこは一人で教室に行けるという事実があっただけのことでした。

とても寒い日でした。母親のお迎えが少し遅れるという連絡があったので、じゅんこと校長室で過ごしていました。約束の時間になったので玄関に行き、母親と手をつないで帰る姿を見送っていると、突然じゅんこが「さ・む・く・な・い？」と母親に向かって言ったのです。確かに聞こえました。言葉をうまく出せないじゅんこが、「さむくない？」とお母さんをいたわる言葉をかけたのです。

母親は立ち止まり、じっとじゅんこを見つめていました。しばらくして二人は帰っていきました。奇跡の瞬間に立ち会った驚きと感激で、誰かに伝えたいという気持ちで心はいっぱいになりました。

ですが、どうやら周りの友だちが、20分休みや昼休みに運動場に行く際に、当たり前のこととして「さむくない？」とじゅんこにいっぱい声をかけていたようでした。学校で奇跡のような出来事に出会ったとき、喜んでいるのは私だけで、子どもたちは何事もなかったかのように日常を過ごしています。「ともに学び　ともに生きる」というのは当たり前の日常だと、子どもたちの姿から感じます。

子どもは大変だ

人間関係でうまくいかないたくとと今日はゆっくり話がしたいと思っていました。声をかけると、「先生、今日あかんねん。ぼくと話したかったら水曜日や」と言います。「水曜日以外は何があるんや」と聞くと、「体操教室、塾、スイミング、土日は野球やねん」

と、とっても忙しい様子です。

「いや～大変やな。どれも楽しいか」と聞くと、野球以外は、どうもそうではないようです。一番嫌なのは体操教室のようなので「体操教室やめたらどうや。お母さんに話してみ。先生から話してあげよか」と言うと、「それが先生、体操はおじいちゃんが行ってほしい言うてんねん。塾はお母さん、スイミングはおばあちゃん、野球はお父さん。」

家族の期待を背負っていて、どれもやめるわけにはいかないのです。つまったスケジュールのなかで生きる子どもは大変です。人間関係でトラブルが起こるのも、たくとにとって成長するうえで必要な時間であるのかもしれません。これで学校が息がつまりそうな場所であれば、そこに教育は存在しなくなってしまいます。

人間として子どもと向き合う

校長室に突然、４年生のじんの襟をつかんで高山先生がどなりながら入ってきました。

「どうしたんや」と聞くと、高山先生は興奮した様子で「授業中何度注意しても大きな声を出して立ち歩き、人の頭をはたき、授業が進まない。まじめにやってる子らの迷惑なんや」と訴えました。周りにいた先生はじんにおだやかに「どうしたんや。何があったんや」と聞くので、そのおだやかさが高山先生の興奮をさらに高めるようでした。かたくなに語ることを拒《こば》むじんから話を十分に聞くことができないまま、その日は終わりました。

翌日の放課後、高山先生が校長室にやってきてほっとした顔で言うのです。

「校長先生、今日の委員会にじんが来てました。よかったです。」

高山先生は、昨日の頭ごなしの対応が気になっていたようです。自分が担当する放課後の委員会にじんは所属しており、昨日のことがあっただけに、出席しないのではないかと気になっていたようです。

「その気持ち、じんに伝えたか」と私は聞きました。伝えていませんでした。「高山先生の気持ちは、私じゃなくてじんに伝えな。わけも聞かず頭ごなしにしかったこと、あれでよかったのか夜中ずっと気になって寝られへんかったと伝えたらな。じんも気になってるやろな」と高山先生に話しました。

私たちは、つい感情的になって、子どもをしかってしまうこともあります。その後が大事なのです。大事なのは、先生としての毅然とした態度や、大人としての立場というようなものではけっしてありません。そうではなく、ときに子どもに弱みを見せ、逆に相談に乗ってもらうくらいの気持ちで、人間として子どもと向き合う姿勢だと思います。

じんは、自分に対してムキになって怒る高山先生は、無視をせずに自分にかかわってくれる先生として、悪い感情は持っていないのですから。

この太鼓は宝物や

5年生になると、1年間かけて人権学習として太鼓づくりに取り組みます。豊中市営の屠場で働いていた方や、絵本作家の中川洋典さんから著書『焼き肉を食べる前に』(解放出版社)の取材をベースに話を聞かせていただくなど、多くの方々との出会いを設定していきます。

大阪市内には、太鼓づくりの歴史があり、人権を学べる人権・太鼓ロードが整備されています。そこをフィールドワークをしてめぐり、太鼓に張る皮づくりから学んでいきます。その後、太鼓屋さんで太鼓づくりを見学し、一部の子どもは、牛のなめした皮を太鼓に張る作業を体験します。フィールドワークのまとめとして、大阪人権博物館リバティおおさかを見学します。

リバティおおさかは、1985年、小学校の跡地に部落問題を中心に学ぶことができる大阪人権歴史資料館として開館しました。その後、時代に即したさまざまな人権課題に対応する人権博物館として発展していきます。国内だけでなく、海外からも多くの来館者があり、人権学習に取り組むうえで、なくてはならない存在として私たち教職員にとって世界に誇れる博物館でした。私も、リバティおおさかで購入した皮を、ホームセンターで購入した塩ビ管に張って太鼓をつくった経験があります。

５年生はリバティおおさかを見学した後、学校で直径約20センチの丈夫な紙の筒に牛のなめした皮を張り、胴には自分が大事にしている言葉を書いて、全員が自分の太鼓を完成させていきます。プロの太鼓奏者を招いて、演奏に向けて練習を重ねていきます。

６年生になり、地域の方々や保護者も参加して行う公開研究発表会などで、子どもたちが太鼓に込めた思いを語り演奏を披露します。演奏の後、大事に太鼓をかかえて「この太鼓は宝物や」と笑顔で語る子どもの姿を忘れることはできません。

２年にわたる系統的な取り組みのなかで、人との出会い、場所との出会い、歴史や本との出会いなどをくり返しながら、ともに学ぶ仲間との関係を深め、ゆっくりと成長していくのです。

東京から、豊中の人権教育の視察に訪れた教育関係者を、リバティおおさかに案内したことがあります。ボランティアガイドのていねいな解説や、充実した展示内容、多くの資料などから「この人権博物館を、行政が応援し維持していく姿勢もすばらしいですね。さすが大阪ですね」と言われ、大阪でつとめる教職員としてとても誇らしい思いでした。

しかし、リバティおおさかは、展示内容が問題視されたり、財政改革の一環で補助金が廃止されるなどして、2020年に休館しました。全国水平社創立100年にあたる2022年の再開をめざしていましたが、かないませんでした。

リバティおおさかがなくなってしまった。大阪の教育にとってこれほど痛いことはありません。大事に築き上げてきたものであっても、あんなにあっけなく消滅してしまうことに、「残念」では言い表せない恐ろしさを感じました。

それだけに、確信を持って取り組んできたことを大いに発信し、どんな力が加わろうともゆるぎないものとして確立していくことの大事さを強く感じているところです。

あ！　ママや！

1年生のくにおは、前日の夜も当日の朝も食事をとらずに学校に来ることがあります。家に食事代が置いてあっても、中学生のお兄ちゃんがそのお金を持って遊びに行ってしまいます。

冷蔵庫にわずかに残っている食べ物で、夜を過ごすこともあります。朝は毎日誰かが迎えに行きます。私と学校に向かったときのことです。私は自転車ですので、横断歩道を渡るのですが、くにおは決まりだからと歩道橋を渡ります。そんな姿がとてもけなげに思えます。

夜、家に行き、くにおが食事をとっていなければ、コンビニにおにぎりやお弁当を買いに行きます。「コンビニ行こか」と声をかけるととても喜び、一緒にコンビニに向かいます。

あるとき、コンビニの駐車場に着いたとたん、くにおは「あ！　ママや！」と叫んで走り出しました。ワゴン車から降りてきたのは確かにくにおの母親でした。実はくにおは、コンビニの駐車場に母親がいるのではないかと、いつも期待しながら私とコンビニに向かっていたのでした。以前、駐車場で母親を見つけたことがあったので、またいるのではと気にしていたのです。

私は母親に「晩ごはんの準備だけはしてください」と強い口調で言いました。母親は子どもの手を引っ張り、車に乗せて行ってしまいました。翌日くにおに聞くと、あのあとファミリーレストランに行ったということでした。

とくに週末の食事が心配で、母親と話し合いを持ちました。学校が休みの日に子育てにかかわれないということで、児童養護施設のショートステイを利用したことがありました。くにおの表情からは、母親と過ごせないので、抵抗があったと感じました。

しかし、初めて施設を利用した翌日の月曜日、施設から登校したくにおの表情はおだやかで晴れ晴れとしていました。私に「先生、また施設に行けるようにお母さんに頼んで」と言いました。お母さんも恋しいけど、施設で経験した温かいごはん、ふとんもうれしかった。そして一番うれしかったのは、施設の職員と一緒にお風呂に入っていっぱいお話をしたことだったそうです。

〈注〉

①平和への思いを継承するため、広島、長崎に原爆が投下された8月6日や9日に、夏休み中の子どもたちが登校する日。

②高校のランクだけにこだわった進路選択ではなく、将来に向けての生き方としての進路選択ができるような進路指導の確立をめざした取り組み。ともに学んできた仲間との信頼関係のなかで、自らの生き方や進路選択について語ったり、自らの進路を明らかにする進路公開などを行ったりしてきた。

③障害児の発達について無限の可能性を信じ、すべての子どもが共通の発達をめざすことを主張した発達観に基づく論。

第3章 南桜塚小学校の日々②

入学を望むすべての子どもを拒否しない

先に紹介した記録映画『たとえば「障害」児教育――豊中の教師と子どもたち』で、45年前の南桜塚小学校の子どもたちの姿を見ることができます。当時から先進的に、しかし当たり前の日常として「障害」児教育に取り組んでいたことがわかります。

豊中では、どのような状況の子どもも入学を望めば絶対に拒否しないという対応をしてきました。これはけっして特別なことではありません。当たり前の対応です。今の学校の現状では、この子は安全に過ごせないと考えるのではなく、柔軟な発想のもと、どうしたら安全に安心して過ごせるかを常に考えてきたのです。

就学相談は、入学の前年度の6月頃から始まります。

幼稚園やこども園、保育園などに通う子どもの保護者が、園の先生と相談をしてから、教育委員会の教育相談に連絡します。教育委員会は保護者と面談を行い、子どもの状況を聞きとるとともに、通う園にも出向いて資料を作成します。学校は就学相談の依頼を受け、保護者と相談日時の調整を行います。一度目の就学相談では、保護者だけで来校するケースがありますが、これは子どもに話を聞かれたくないという思いからのようです。教育委員会作成の資料をもとに、保護者と面談を行い、その後園訪問も行い、集団のなかでの子どもの姿を観察し、担任や園長先生から子どもの園での様子を聞いて学校としての資料を作成します。

その内容を保護者に伝え、必要に応じて再度の面談を行います。その際には、できるだけ入学予定の子どもも一緒に来ていただきます。面談での子どもの様子、当日に行う学校探検の際の様子は、非常に参考になります。案内した1年生の教室で、すぐに楽しむことができる子もいれば、保護者の後ろにずっと隠れている子もいます。案内する私たちが一緒に楽しんだり、教室に入ることを促したりしながら少しずつ関係をつくっていきます。図書館に行けばさっそく読みたい本を探す子もいますし、すぐに次の場所に行きたがる子もいます。トイレの照明が自動で点灯し、手をかざせば水が出るなど、清潔感がある明るいトイレが気に入って笑顔いっぱいになる子どももいます。

入学式に不安があれば、入学式の前日に予行演習を行います。準備が完了した式場を本番さながらに入場し、自分の座席の背もたれに、家庭から持参したお気に入りのシールを貼ることもあります。入学式当日の緊張感の中で、シールに気づかないかもしれませんが、大好きなシールがあるというだけで、気持ちはおだやかになるようです。逆に予行演習をすると、気持ちが先回りして、身動きとれなくなる子どももいます。そんな場合は、ぶっつけ本番でチャレンジです。大事なのは、入学するまでに、保護者と信頼関係を築き、子どもとなかよくなっておくことだと思っています。

しかし、このような対応だけでは不十分な場合も多くあります。幼稚園やこども園、保育園との連携で、地域の小学校入学前の子どもの状況を把握し、まず環境面の改善にできるだけ早く対応していきます。

全盲のゆいとの場合、入学の3年前に大学の研究者に校内の危険個所のチェックを依頼していています。その際に、校内の点字ブロックの設置場所や点字表記が必要な場所について助言をいただきました。翌年には、校長と担当教諭で幼稚園を訪問して、ゆいとの集団での姿を見学し、園長先生・担任・保護者から配慮事項などについて話を聞きました。

幼稚園の運動会を支援学級担任が参観し、タンバリンの音を頼りに20メートル走を走るゆいとの姿を見ることができました。入学前年度の夏休みには、すでに全盲の子どもが在籍している豊中市内の小学校を訪問し、担当教職員から説明を受けながら教室や図書館、職員室の機材の配置などの見学をしました。

２学期には、いよいよ就学相談を行い、入学後の具体的な話に入っていきました。幼稚園への訪問もくり返し、ゆいとの現状把握と成長の確認を行いました。11月には教育委員会のヒヤリングを受け、さらに必要な施設整備の要求も行い、12月には支援教育コーディネーターが通学路の安全確認を行いました。

校長室の表示にも点字

また、スクールサポーターとして全盲の三上洋《よう》さんに来ていただき、これまで行ってきた準備について経過を確認し、当事者ならではの多岐にわたる助言もいただきました。助言内容を整理し、４ヵ月後の入学に向けて早急に対応をしていきました。12月下旬の支援学級親の会クリスマス会には祖母と参加し、元気な姿を見せてくれました。

3学期に入り、簡易点字盤や点字プリンターが納品されるなど物品がそろい始め、動線上の危険個所の確認整備をすすめ、環境が整っていきました。教職員研修として、1月に「視覚『障害』のある児童を中心とした集団づくりについて」、2月には「ともに学びともに生きる～視覚『障害』のある児童とともに」を同時に実施し、「点字研修」も行って、新1年生全員分の点字名前シールを作成しました。

現在、1年生は地域の手話サークルの方から手話を学び、2年生は手引き体験を通じて「みえないって　どんなこと」を学び、3年生は点字の学習をしています。

支援学級担任は「かかわりすぎない」

朝、子どもたちは学年ごとに分けた3ヵ所の門を入って登校してきます。支援学級担任は、支援学級在籍の子どもを出迎えるところから1日が始まります。教室まで一緒に行き、授業を受けるための準備を行います。

その際、「かかわりすぎない」ということを常に意識して対応しています。子どもに対して担当者・係をつくらないということです。日常生活で担当の教職員を決めてしまうと、他の教職員は思うことがあっても、何も言えなくなってしまいます。周りの子どもたちも、担当の先生がいるからとお任せになり、子どもたちの人間関係が育たなくなってしまいます。

それは「○○ちゃん係」をクラスにつくってしまうことも、同じです。係になった子どもは「自分の仕事だから世話をする」という意識になり、周りの子どもは「係がいるのだから、自分がかかわりを持ってはならない」という遠慮が始まり、かかわりが薄くなってしまいます。「かかわりすぎない」ということが、とても大事なのです。

もうすぐ学校だ

支援学級担任の「入り込み」

豊中では、40年以上にわたって支援学級担任は教室に入り、子ども全員を見ながら、必要に応じて個別に支援する「入り込み」というかたちで対応してきました。支援学級の教室で個別に、あるいは少人数で訓練や授業をすることはありません。

入り込みの時間割に沿って、９人の支援学級担任が教室に入ります。子どもたちの状況は日々変わるので、時間割は毎週調整を行っています。その日の子どもの状況に応じて、急遽変更することもあります。入り込みの時間割を毎週微調整し、つくり変えているのも、子どもの微妙な変化を感じとり、入り込みの時数を調整するためです。

支援学級に在籍する子どものなかには、子どもたちの人間関係や学級担任の配慮次第で十分学校生活を送ることができる子もいます。ほとんどの子どもが、学年が進むにつれて入り込みの時数を減らしていきます。人間関係の深まりや変化をよく見ながら、情報を教職員で共有し、議論もしながら、安心して学校生活を送ることができるように対応しています。

支援学級担任と3人の介助員の12人はインカム（無線）を常に身につけて、子どもたちの状況を共有しています。1日のうちにも子どもの状況は変化していきます。たとえば、入り込みの時間にあたっていない教職員が廊下を巡回し、「〇〇ちゃんの状況がよくない」ことに気づけば、インカムで「〇年〇組の〇〇ちゃん、今入り込みないんですけど、気になるので入ることができる人いますか。いなければ私が入ります」と流すと「〇〇ちゃんなら私がいいと思いますので、行きます。こちら〇年〇組のほうをお願いします」というようなやりとりをしています。また、緊急事態の際にも、すぐに集合して、早い対応ができます。

このように有効に活用しているインカムですが、それなりの性能を求めると1台1万円以上します。公立学校では5台、10台を一度に購入できるものではありません。また、一度に購入しても、有効に活用できるかどうかもわかりません。

ですから、本校では毎年2台、3台と買い増していきました。ＰＴＡに協力いただき、ＰＴＡ予算で購入したこともありました。見方を変えれば、徐々に増やすことで、その効果をはっきりさせながら現在の12人全員が持つところまで進められたことが、有効に活用できている結果であると思います。

「おたすけ先生」

支援学級在籍の子どもだけでなく、応援があれば前に進める子どもがたくさんいます。子どもたちは入り込みの先生を「おたすけ先生」と呼ぶこともあります。支援学級担任が通常学級の担任と授業を交代し、通常学級担任が個別に子ども対応をすることもあります。とにかくそのときどきの最善を求めて柔軟に対応します。

学校の方針として最も大事にしているのが、「すべての教職員がすべての子どもの担当である」ということです。どの先生も、自分が困ったら助けてくれるという安心感がすべての子どもにあるということが、学校に流れているおだやかな空気につながっているように思います。

朝、登校できていない子どもの家庭と連絡をとって、必要に応じて迎えに行くのも支援学級担任の大事な役割です。どうしても、〇〇さんをお迎えに行くのは〇〇先生がよいというのはありますが、これもできるだけ固定するのではなく、どの先生も対応できるようにと意識しています。

他方で、すべての教職員がすべての子どもの担当ではあるのですが、書類などの作成や家庭との連絡については、担当を決めています。その日の学校生活を家庭に伝える「ルームノート」への記入はその一つです。支援学級担任が保護者にとくに伝えたいうれしいことを記入したり、危惧していることを記入したりし、家庭と情報を共有します。

また、このルームノートは、担任をはじめすべての教職員が、これは伝えたいという子どもの姿に出会えば、その喜びを保護者に伝えることができるノートでもあります。保護者に時間の余裕がある場合は、家庭からもたくさんの情報が書き込まれます。文章のやりとりでは対応できない場合は、電話や対面でのやりとりになります。

1週間に起こるさまざまな動きを共有するために、毎週水曜日の4時間目に支援学級担任、介助員で連絡会を持ちます。すべての支援学級担任と介助員が、支援学級在籍の子どもにとどまらず、気になる子どもについて、全員の顔を思い浮かべながら具体的な話ができるということが取り組みの強みとなっています。

医療的ケアを受けている子どもや重度の障害のある子どもについては、朝の登校時からの動きを写真入りで文章化し、そのファイルをみれば対応できるようになっています。登校や教室での対応、体調の確認、また、給食時の食材により刻む大きさや食べ方についても写真とメモで詳細に対応がまとめられています。命にかかわる注意事項について、子どもの対応をする教職員は、くり返し確認を行います。個別の支援計画や医療機関が作成する「学校における医療的ケアの指示書」などとともに、ファイルにまとめて保管されており、それによって安心して学ぶことができる学校生活が維持されています。

自然体験学習や修学旅行といった泊を伴う行事では、医者の指示書に基づき、教育委員会の担当課と看護師同席のもとで綿密に打ち合わせを行います。出発前日には、やはり看護師とともに持ち物の最終チェックを行います。万一忘れ物があると命にかかわることもあるので、複数のチェックが必要です。

交通機関や宿泊場所とのやりとりは主に旅行社を通じて行いますが、食事のことや医療機関との詳細な打ち合わせは直接学校が行います。刻み食の大きさや、流動食のねばり気などは、事前に伝えていたとしても、宿泊場所の料理担当者から、これで大丈夫かとの最終確認を求められることもあります。車イスで砂浜に出ることができるか、雪上を移動できるか、船上で安全を保つことができるかなど、子どもが乗った状態と同じ重さでシミュレーションをしてみるということも必要でしょう。

このような日々の対応記録の蓄積が安心できる学校生活につながりますし、さらに進学先にも引き継いでいくことが、切れ目のない一貫した教育として確立しています。

支援学級担任は外から見える仕事だけではなく、安全を継続して確保するための日々の対応を蓄積していく作業を淡々とこなしていくことが重要です。そのためには、手話や点字の習得に向けた努力をはじめとして、絶え間ない専門性の向上を図っていくという意識も必須です。

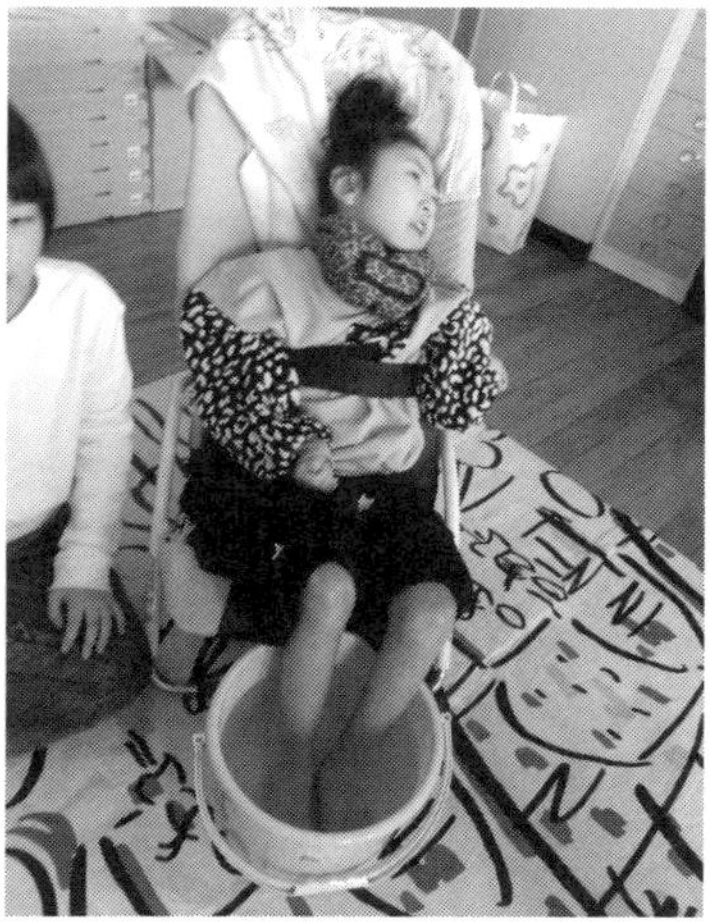

お楽しみは足湯

『にんげん』教材の果たした役割

越境問題[1]をはじめとして部落問題に取り組もうにも、学校においては何をどのように扱えばいいのか、教材がまったくない状況でした。このような状況のなか、１９７０年に同和教育副読本『にんげん』を大阪府教育委員会が出版社から一括購入し、大阪府内の小学校、中学校の全児童・生徒に配付しました。当初、小学校で各学年１冊、中学校で１冊の計７冊で、子どもたちは中学校卒業まで人権について学んでいました。

１９９８年には「解放教育読本」から「人権教育読本」として、内容も部落問題から多岐にわたる人権課題に対応する内容に改定されました。２００３年には『人権教育読本にんげん』は小学校低学年用「ひと　いのち」、中学年用「ひと　ぬくもり」、高学年用「ひと　つながり」、中学生用「ひと　きぼう」の４分冊となりました。

低学年では「手や　ゆびで　はなそう」で手話や点字に触れ、学ぶきっかけをつくり、中学年では「介助犬ターシャ」で、人は人間関係のなかだけではなく、さまざまなかたちで自立して生きていることを知り、高学年では「みえないって　どんなこと？」で社会に視野を広げ、「障害」者問題に取り組んできました。

５・６年生になると修学旅行に向けての平和学習で使用したり、２０００年５月の「児童虐待防止法」成立後は、自らの権利について考え議論を深めていた際にも、そばにはいつも『にんげん』がありました。

「ひと　ぬくもり」では、ページを示す数字の横に点字の表記があり、「ひと　つながり」では手話が表示されています。『にんげん』は内容だけではなく、このような配慮や、表紙絵からも話題が広がり、大阪の人権教育の発展に大きな役割を果たしてきました。小・中学校卒業後も「『にんげん』だけは捨てずに家で大事に持っておく」という生徒の声をたくさん聞いてきました。

しかし、2008年に『にんげん』の無償配付事業は廃止となりました。その後、人権教育資料はCDにして各校に配付され、活用することとなりましたが、しだいに使用頻度は減っていき、あまり活用されなくなってしまいました。リバティおおさかの休館とあいまって、大阪の人権教育にとって大きなマイナスとなったのです。

全国から寄せられた声

2022年度に入り1学期も半ばを過ぎようとしたところ、株式会社コトノネ生活から雑誌『コトノネ』に掲載する記事の取材をしたいとの連絡が入りました。何を取材するのだろうと思いながらも、断る理由もなく依頼内容をうかがって取材をお迎えすることになりました。取材では、医療的ケアを受けている子どもや全盲の子どもの話題を中心に話し、8月19日発売の『コトノネ43号』に掲載されました。

12月11日にはヤフーオリジナル特集「教室から席がなくなるのはイヤ――『ともに学び、ともに育つ』大阪府独自のインクルーシブ教育、揺らぐ足元」が配信されました。その後の反響は大きく、10月からテレビ局の取材が続いたことも相まって、学校への視察依頼が殺到するようになりました。大学の研究者の方々に始まり、２０２３年度に入ってからは、障害者団体や議員団の方々、2学期にはモンゴルの教育科学省の訪問も受けました。

２０２４年度には、ＪＩＣＡの研修員として14ヵ国16人の方々の訪問を受けました。教育で国を発展させていこうという熱を感じる意欲的な訪問でした。

その後、しだいに他市他府県から保護者の声が届くようになりました。豊中の小学校に入学するために就学相談で来校したいという問い合わせだけではなく、転居はむずかしいので、今住んでいるところで何とか地域の小学校に入学させたいという相談も多数入ってくるようになったのです。

豊中においてはこの40年間私の知る限り、入学に条件をつけることはありませんでした。これが当たり前として教育に当たってきました。それだけに、全国から届く保護者の皆さんの切実な声を聞いて、障害のある子どもたちにとって、地域の学校に入学するという当たり前のことにこれほど高いハードルがあることを知り、驚くとともに悲しさも感じました。

子どもに条件をつけない

「小学校に入学するための就学相談で、わが子が学校生活を送るための配慮事項を伝えると、返ってきた言葉は『それは前例がありませんので……』でした。その言葉で、自分たちは歓迎されていないとはっきりと感じ、下を向いて帰ってきました。こんなとき、どんな言葉を返したらいいんでしょう。下を向いて帰ってきただけでいいとは思わないんです」と、その保護者は問いかけてきました。

私は、正直「答えにくいな」と思いながらも、「前例がないんであれば、『先生、うちの子が初めてなんですね。私もいっぱい勉強しますので、よろしくお願いします』と言って、最高の笑顔で帰ってきたらいいんですよ」と伝えると、「そうですね！」と明るい声が返ってきました。

また、『地域の学校にぜひ行かせたい』と言うと、『お母さん、それは親のエゴですよ』と言われたんです。そう言われると、もう黙るしかないです」という話も聞きました。それを聞いて私は強い口調で「そうして進路を限定するのもエゴ、そもそも教育は大人のエゴです。『私のエゴで地域の学校に行かせたい』と堂々と言っていいんですよ」と言いました。母親は、明るい声になって「そうですよね。私間違ってないですよね。元気出てきました」と言いました。ですが、電話を切る直前に「でも言えるかなあ」という独り言を私はしっかり聞きました。

それはそうでしょう。地域の学校の先生に、私が言ったようなことはなかなか言えるものではありません。でも、言わなければ何も変わらないのです。自分の生まれた地域の学校に行くという当たり前のことに、なぜ条件がつくのか、進路を狭められてしまうのか、よくわからないのです。まずは、「この子が学校で過ごすためにはどうすればいいのか」を行政・学校が課題として受け止めることが必要であって、子ども・保護者に課題を提示するようなことがあってはならないのです。

子どもが就学時を迎えると、家族は行政や学校と何度も話し合いを持ち、話は聞くが動かない状況に疲弊していきます。お互いに「子どもの将来を考えてください」と、見通しのない話し合いが続いていきます。

「地域の学校にどうぞいらしてください。ただし、子どもが学校にいる間、保護者も学校に滞在してください」という無茶な条件がついたという話も聞きます。宿泊行事に参加するためには、保護者はその宿泊施設の近くにホテルをとって、何かあればすぐに駆けつけられるようにしておくという条件があり、参加をあきらめたという話も聞きました。実際に保護者がそのとおりにしようとすれば、収入が減ることもあるでしょうし、本来やるべきことを後回しにして対応しなくてはなりません。

豊中でめざしてきたのは、子どもにどのような障害があっても、保護者に特別な負担をかけないということでした。また、転入学に際して地域の学校の通常学級に在籍するのか、支援学級に在籍するのか、あるいは支援学校で学ぶのかなど、選択肢があるということです。その際に、保護者・本人の意向を第一に考え、条件をつけることなく、安心して過ごせる次のような環境整備を行政・学校の責任で行うことです。

- ▼看護師や介助員の配置
- ▼給食に対する配慮（刻み食やミキサー食）
- ▼授業への参加（授業についていけるかどうかを基準にしない）
- ▼緊急時・災害時の対応マニュアル整備
- ▼教職員の情報共有、研修の充実　など

とにかく、机上で判断しないことです。本人、保護者、園関係者、学校、予算などの権限のある行政が子どもを真ん中にした議論をすることにつきます。一人の子どもの権利を

保障するための当事者であるという意識を、大人がしっかりと持つことです。人ごとではありません。

教職員抜きでは変わらない

保護者が集まって元気の出る話をしようと思っても、立ちはだかる壁の高さにため息が出るだけ、「忙しい先生にこれ以上負担をかけてはならない。地域の学校に行かせてもらっているだけでありがたいと思わないと、という話になって下を向いてしまいます」という話を聞きました。

それぞれの地域で、子どもに対する願いを心に抱き、人とのつながりを広げようと踏ん張っている人たちがたくさんいます。しかし、それらの点が線につながらず、行きづまっている現実が数多くあります。

人間関係が広がり、教育の世界に少しでも変化をもたらすためには、その集まりに教職員が加わっているかどうかがポイントです。同じ学校の教職員が3人いれば、学校は少しずつ変化していきます。

私は近隣の市で学習会が開かれると聞けば参加して発言もさせていただくのですが、そこに教職員の姿はほとんどありません。運営している教職員と話をすると、「教職員は夜の時間帯や休日にはなかなか参加してくれない」と、苦しそうにおっしゃいます。こんな話を聞きながら、それぞれがバラバラに集まっているよりも、3つの市、4つの市が広くつながり、活動して学校関係者も巻き込んでいこうと考えています。学校で動くのは教職員です。教職員抜きでは何も変わりません。

「ともに学ぶ」教育のなかで育った鍛治克哉さん

そこで注目されるのが、豊中で子ども時代を過ごし、「ともに学ぶ」教育のなかで育ってきた鍛治克哉さんです。鍛治さんは、生後7ヵ月で脳性まひと診断され、豊中市立の肢体不自由施設に入園、その後豊中市立小・中学校の通常学級で学校生活を送りました。現在は自立生活センター「メインストリーム協会」で活動しています。

鍛治さんをめぐって、豊中の教育がどういうものかがよくわかる話があります。

鍛治さんが小学校5年生のときです。6時間授業があれば入り込みの先生（障害児学級担任）が3時間ほど横について学習支援をしてくれたそうです。先生が横についていると気を抜くわけにはいきませんが、先生が横についていない残りの3時間は、鍛治さんにとってさぼることができる時間です。

隣の席の友だちから「かっちゃんノート書きや！」と言われたので、「障害者やからノート書かなくてええねん」と返すと、友だちは「そっか」と言って、うまくさぼることができました。

鍛治さんは、「なんてすばらしい言い訳だろう」と思ったそうですが、その日の終わりの会で大変なことが起こりました。クラスの全員から、「鍛治君は都合のいい障害者だと思います。そんな都合のいいやつのために移動教室の手伝いとかやりたくありません」と言われてしまったのです。実際にそれから3日ほど、体育や音楽の移動教室の際に一人になってしまうことがありました。

「俺、小学校でやっていかれへんかもしれへん」と母親にこの間のことを相談すると、「それはあんたが悪い。障害者である前に一人の人間として、『鍛治のためやったら力になりたい』と思ってもらえる人間になりなさい」と諭されたそうです。

次の日、泣きじゃくりながらクラスのみんなに謝って許してもらいました。この間、担任の先生は見守ってくれていました。ここで担任が「みんな、鍛治さんは障害者ですよ。冷たいことを言わないで助けてあげて」などと言っていたら、その瞬間子どもたちの人間関係は切れてしまったでしょう。

「ともに学び　ともに生きる」なかで、子どもたちはお互いに批判できる関係、本気でけんかのできる関係を育んでいるのです。教科の授業ではない日常から、意識することもなく、豊かな学びがふくらんでいくように思います。豊中の教育とはこういうことなんです。今も当時の仲間と集まると、車イスで入りやすい場所や店を予約してあるそうです。

そんな鍛治さんは、海外視察に行ったり、豊中はもちろん東京や神奈川などでの講演活動をしたりしています。そしてインクルネット西宮を立ち上げて「地域の学校へ行こう」と、常に人の出会いの場の中心にいます。

インクルネット西宮が編集した『障害のある子どもの小学校入学ガイド』のはじめにこうあります。

就学前に知りたかったこと、聞いておきたかったこと、イメージできていたら気持ちが楽になっていただろうと思われることなどをQ＆A形式にし、自らの経験をもとにお話しできることをまとめています……。

子どもも大人も、私もあなたも、みんなそれぞれ、今の「そのまま」でステキなんです。子どもが将来、ひとりの人間として周りの人たちと関わり合いながらその人らしく幸せに生きていけるように、また、子どもひとりひとり、大人ひとりひとりが「そのまま」で大切にされる社会になるように、そのために、いろいろな人が当たり前に一緒にいる学校や社会になっていったらいいなと私たちは思っています。

これからの教育がめざすべきものがここに集約され、ページをめくるごとに展望が開ける期待を抱かせます。

ガイドブックは、保護者や障害のある先輩の体験談に加えて、用語の説明もあり、悩める保護者、教職員にとって新たな視点を示してくれるものとなっています。さらに、本人、保護者、友だち、きょうだいからのメッセージは、勇気が湧き、人は人とのつながりのなかで成長することを実感させ、実際に人をつなげる力のあるガイドブックです。大いに活用して、地域の学校を当たり前のことを当たり前にやっていく学校にしていきたいものです。

規則はつくらず、そのつど悩み、考える

学校は、新たなことが起こると規則をつくり、できるだけ明確な基準のもと、すべての教職員が同じように指導できるようにします。しかし、そこで起こってくるのが、教職員間の微妙な関係の変化です。

「あの先生は対応が甘い」「何も言わない」「子どもをしかれない」「子どもに同調して、気に入られようとしている」「指導力がない」など、さまざまな不満や批判が飛び交うようになります。

最初は表立っては言われません。小さな声で閉じたところで共有されているだけですが、しだいに盛り上がっていきます。これが大きな声になると、その学校の教育力は急激に低下します。教職員は疲弊し、子どもたちも教職員の関係性に気づき、お互いに非難することに抵抗感がなくなっていきます。教職員は孤立していきます。

これは、教育現場を客観的に見て「そうだろう」という想像で言っているのではけっしてありません。私自身、批判する側であり、批判される側でもあったからです。

そんな経験から、私は「規則はつくらないに限る」と考えています。規則をつくると、子どもたちは当然守らなくてはなりません。守っていないと教職員はしからなければなりません。しかる方もしかられる方も気分はよくありません。ときに反発も生まれます。どこにいいことがあるのでしょうか。

まったくとは言いませんが、できるだけ規則はつくらないほうがよいのです。そのつど、悩みながらどうするかを考えます。ときに、子どもたちも一緒に考え、どうすれば子どもも大人もおだやかな気持ちで生活できるかを悩みます。迷ったときには、楽な方、楽しい方、あの一人の子にとって安心できる学校につながる方を選んでいるように思います。

いろいろな食事のとり方

医療的ケアを受けているしゅうじの食事は流動食を胃ろうでとっています。給食では主菜となる大おかずだけ、ミキサーで流動食にし、給食センターから別便で届きます。それだけでは栄養が不足するので、家庭から流動食を持参しています。

私たちは、家庭に負担をかけないことを大事にしてきたので、可能なものはすべて流動食にし、提供することを要望してきました。しかし、それはしゅうじが卒業するまでかないませんでした。また、中学校においては、放課後のクラブ活動時の看護師配置も課題です。看護師配置は教育課程内に限られ、クラブ活動時には配置されません。医療的ケアの必要な子どもの放課後の活動にも課題があります。行政としても予算面や人の配置など、簡単なことではないと思いますが、今後の課題です。

修学旅行などの宿泊行事では、流動食対応ができる宿を選んでいます。しゅうじが6年生で修学旅行に行くにあたって、流動食対応ができる宿を予約していました。しかし、宿から突然「刻み食までしかできない」という連絡が入ってきました。それではしゅうじは修学旅行に行けません。宿と何度も電話でやりとりをして、「料理長が変わり、流動食の経験がないから『できない』ということになった」ということがわかりました。

しかし、それで引き下がるわけにはいきません。食事のメニューを送ってもらい、流動食にできるものを宿と話し合い、ミキサーにかけた後、支援コーディネーターがやわらかさやねばり気をチェックするということで、提供してもらえることになりました。

宿からは、「おかげさまで、流動食が必要なお客様に来ていただくことができる宿になりました」と感謝の言葉をいただきました。どうしても、これまでに出会った経験がないと、「もしものことがあったら」と心配が先に立ってしまうようです。いろいろな歩き方があるように、いろいろな食事のとり方があり、その人にとってそれは日常なのです。

寄せられた就学相談のなかから①――パンフレットをいただけますか

京都からの電話でした。４年生の女の子の父親から「学校のパンフレットをいただけますか」という問い合わせがありました。公立学校であり児童を募集する必要がないため、パンフレットはつくっていないと伝えました。お目にかかる機会があれば学校のことがわかる資料をお渡ししますとお伝えして電話を切ろうと思っていました。

すると、「今、学校が見えるところにいます」とおっしゃるのです。周りの景色を伝えてもらうと、「ポールの上に時計があり、向こうの端にトイレがあって……」と、まちがいなくすぐそばの公園からの電話でした。

「すぐ行きます」と伝え、廊下を走り外に出ると、正門から道を隔てた向かいに大きなワゴン車が止まっていました。父親が車から降りてきたので、立ち話で終えようと思ったのですが、車のなかには女の子が乗っています。これはしっかりと話を聞く必要があると思い、学校のなかに車を招き入れ、校長室で話を聞くことにしました。

父親の話は、以下のようでした。娘は4年生の2学期から1日も学校に行っていない。次第に学校からの連絡は少なくなり、友だちが訪ねてくることもなくさみしい状況である。母親が懇談に行き、娘の机はどれかと聞いて先生が指さした机を見るとゴミが乗っていた。その瞬間、「うちの子が登校するのを誰も待ってくれていない。この学校に再び通うのは無理だ」と思ってしまった。この間、フリースクールをいくつも見に行ったが、娘はどこもしっくりこないと言う。その後もインターネットで探していたところ、南桜塚小学校が出てきた。今日も娘に「行こか」と言うと「また」と言われたが、今日はフリースクールではないというと、ついてきてくれた。子どもが学校に行ってないというのはしんどい。もし、行ける学校があったら、引っ越してでもその学校に行ってほしいと思っている――。

父親の話を聞いている間、女の子は終始下を向いたままでした。そこで校長室に入ってきたのが、3年生のかなです。かなも教室に入れないことが多く、よく校長室に来ます。

お客さんが来ているとうれしくなって校長室から出ていきません。

今回は、見知らぬ女の子がいるので興味津々です。次第に近づいてきて、ついに私のとなりのソファに座り、しまいには私の首筋にのっかり、肩車状態になりました。

「こんなんですいません」と言い、話を続けました。父親は『こんなん』あり、というのはいいですね」とニコニコ顔です。女の子も、この状態を不思議そうに見ています。「図書館に行ってみましょうか。子どもたちが大好きないい図書館ですよ」と誘い、2階に上がることにしました。4人で2階に上がると、先に行くかなが女の子の手を握り、手をつないで図書館に向かっていきました。父親は「うちの娘が同じ年頃の子どもと手をつないでいる姿を初めて見ました」と目に涙を浮かべています。

図書館では、お互いに本を紹介し合ったり、一緒に見たり、実に楽しそうです。校長室では下を向いていた女の子が、笑顔いっぱいです。図書館を出ると、もう給食の時間になっていました。父親が「帰ろう」と言ってもそう簡単には行きません。運動場で鬼ごっこをして、2人ともつかまったら帰るというのです。つかまえるのは、ここにいる大人2人です。

運動場に出て、大人2人が「本気で行きますか」とお互いに声をかけ、走り回りました。実に楽しい時間を過ごすことができました。子ども2人は名残惜しそうでしたが、今日はさよならをしなくてはなりません。父親は「こんなに楽しそうな娘の姿は見たことがありません。今度は家族みんなで来てもいいでしょうか」とおっしゃるので、「どうぞ、お待ちしてますので、また連絡ください」とその日は別れました。かなも、とても楽しかったようで、その日から「今度いつ会えるの」と何度も聞くようになりました。

次に来たとき、女の子の一番の目的はかなに会うことでした。再会をとても喜び、大人の話には入らず、楽しそうにずっと2人で話をしていました。初めて出会ったばかりなのに、当たり前のように手をつなぎ、それで心もつながったように会話が始まり、楽しい時間を過ごすことができる子どもの不思議さを感じました。母親もそんな子どもの姿を、おだやかな表情で見つめていました。この校区で家を探すという話になりました。

ですが、私が気になっていたのは、子どもの気持ちはどうなんだろうということでした。大人の思いや願いで話が先に突っ走っているように感じたからです。

子どもの気持ちが気になっていることも伝え、連絡を待つことにしました。年が明け、父親から「家が見つかりました。４月からよろしくお願いします」との連絡が入り、そのつもりでいました。

ところが、新年度を目前にした時期に、再び父親から電話があり、「娘が夢のなかで、もともとの学校の友だちから『いつ学校来るの』と聞かれたと言ってるんですが、どうしたらいいんでしょうか」ということでした。

子どもにとって学校が変わるというのは、大人が考える以上に大きな出来事です。学校に行きにくい状況にあっても、気になる人間関係はあるものです。本当に夢を見たのか、それとも学校を変わりたくないという思いで「夢で……」と言ったのかはわかりませんが、少なくとも、新年度新しいクラスでやってみようという気持ちがあるのでは、と想像しました。もう一度新学期に新しいクラスに通ってみて、そのうえでやはり豊中へということになれば話をすることを、父親と確認しました。

豊中で決まっていた家を解約し、子どもは転校することなく新しいクラスで週2、3日登校しているという連絡をもらいました。週に2、3日も登校していることに、父親と喜び合いました。

「何かボランティアがあればそちらの学校に呼んでほしい」と、父親が南桜塚小学校を気に入ってくださったことを、とてもうれしく思いました。

寄せられた就学相談のなかから② ――迷っているんです

12月に入ってまもなく相談の電話がかかってきました。初めての場所や人が怖くて、慣れるまでずいぶん時間がかかる、また幼稚園では同じ先生に1対1で長くかかわってもらって生活を送っている、ということです。避難訓練の非常ベルの大きな音に驚いているなか、隣接している小学校の運動場に避難したため、小学校の敷地に入ることが大きな抵抗感になっていることも、進学先に悩んでいる原因の一つのようでした。

来年4月の小学校入学を考えるにあたって、学校見学をさせてほしいということです。見学の日時を約束し当日待っていると、母親から「車で学校に向かっているのですが、学校に入るのは無理ですので、今日は校舎を見て帰ります」との電話がありました。せっかく学校まで来るのであれば子どもの顔を見たいと思い、「車であれば門は開けておきますので、一気に門を通過して学校に入ってしまいましょう。それでどうなるか、後のことはまたそのときに考えましょう」と伝え、とにかくお会いすることにしました。

門で待っていると車がやってきたので、門を通って駐車場まで案内しました。車から降りた子どもは、近くの遊具に向かって走っていきました。運転してきたおじいちゃんが後を追いかけ、その後2人で2時間ほど遊んでいました。その間、母親とゆっくりと話をすることができました。食べ物のこと、音のこと、細かい作業のことなど心配は尽きませんでした。帰る際に子どもに声をかけましたが、私の顔は見てくれませんでした。

その後、招待した支援学級親の会のクリスマス会に参加するために来てくれましたが、みんながゲームなどで盛り上がっている体育館には入ることができませんでした。その間、支援学級担任が少し距離を置きながら声をかけ、寄り添っているうちに、わずか2時間ほどで少し関係ができているように感じました。やはり帰る際に声をかけると、今度はプレゼントを抱えて笑顔で私の顔を見てくれました。

次に来たときには、校舎内を歩き、次には図書館にと回数を重ねるごとに行動範囲が広がり、教職員も少しずつ声かけを増やしていきました。そして、ついに校長室に入ることができたときには、ウーパールーパーのしろ丸ともなかよしになりました。

母親にとって何かのときに助けてもらえる人間関係がある地元を離れることや、子どもには大人がうかがい知れない人間関係があるかもしれないということを考えると、豊中に引っ越すかは悩みどころでしたが、2学期後半から何度も学校を訪問した際の子どもの変化に、豊中での入学を決意されたのでした。

入学式の前日、体育館へのルートを確認し、座席にも座って予行演習をし、やれることはすべてやったという状態で入学式を迎えました。入学後、ほぼ休むことなく学校生活を送っています。

成長を感じたのは、遠足でした。電車でみんなと行くというのはかなり高いハードルです。しかし、行きは他の子どもたちとは別に車で行ったのですが、帰りはみんなと一緒に電車で帰ってくることができました。予想もしていなかったことに、母親も子どもたちも教職員も大喜びでした。毎日毎日子どもたちの成長を感じたりするわけではありませんが、あるとき突然子どもの成長に出会う、私たちはそんな幸せのなかで生きているのです。

寄せられた就学相談のなかから③――「交流」で置いていかれる

すでに子どもが小学校に通っている家庭からの就学相談です。1、2年生と通常の学級で過ごしていました。2年生も終わりに近づいた頃、学校から話がありました。「だんだん学習についていけなくなってきています。3年生では特別支援学級に在籍した方がいいのではないかと考えています」とのことです。そこで3年生では特別支援学級に在籍しました。

ところが2年生では10日未満の欠席だったのが、3年生では3カ月ですでに欠席が30日近くになりました。子どもからの話では、図書の時間と特定の教科だけ通常学級で交流することがしだいにしんどくなってきた、ということでした。

周りの子たちは日々の流動的な人間関係のなかで、ゆっくりと個々によい関係を築いて生きているにもかかわらず、自分は「交流」の時間だけのゲストのような立場。自分がいない間にクラスで新しい展開が始まっている、自分だけ置いていかれてると感じているのです。これほどしんどいことはありません。

クラスでいつも一緒にいたにもかかわらず、なぜ離れて生活するのか、意味が理解できないのだろうとも想像できます。これは当然の展開です。地域の子どもが地域の学校の通常学級で学ぶということに理由は必要ありません。この子がここにいてどんな意味があるのかなんて意味づけも必要ありません。

寄せられた就学相談のなかから④——2歳児の保護者からの相談

他県から就学相談の連絡が入りました。聞くと現在2歳とのことです。「早いな」と思いながらも、ご家庭ごとにさまざまな事情があり、それを知ることは私たち教職員にとっても大事なことですので、連絡があればすべて対応してきました。

すでに保育所入所に際して壁に当たっているということでした。障害を理由に歓迎されていないとはっきりと感じているそうです。子どもが小学校に通っている知り合いの保護者から「小学校はもっとハードルが高い」と聞いて、じっとしていられなくなったそうです。

今後、人との関係をどうつくっていけるか心配だからこそ、同世代の子どもたちととももにできるだけ多くの時間を過ごしてほしいという願いをもっているが、現実の厳しさが見えてきたようです。悩んでいるときに豊中の教育に出会い、話を聞きに行ってみようとなったそうです。

ひとつ前で紹介した相談のように、地域の学校に行くことになった後にも、行政や学校から特別支援学級か通常学級かを迫られています。通常学級であれば、「予算がないし人もいないので、保護者が望むような支援はできません」となります。特別支援学級であれば、「人がついて子どもに合った訓練や学習ができます。人間関係づくりについては、給食と図工、音楽と時間は限られていますが、週2回の交流日があります。そこでよい関係をつくってくれたらと思います」という話になるのです。

保護者同士の話で、子どもにとってこの交流日がとても苦痛であると聞くと、親としてはじっとしていられなくなるのは当然でしょう。

沖縄の「ともに学ぶ教育」

２０２４年2月、沖縄から、重度の障害があり、胃ろうで食事をとる子どもの父親の訪問がありました。子どもの小学校入学に際し、なんとしても地域の学校に入学させたいという思いを持っての来校でした。

すでに前年度に、市の教育委員会と面談を行い、地域の学校に行きたいという意向を伝えていました。しかし、返ってきたのは「特別支援学校が望ましい」という連絡でした。再び地域の学校へ入学させたいと訴え、看護師配置と、給食におけるペースト食の提供が必要であることも伝え、先進地域の情報を交えながらねばり強く交渉しました。

4月には、子どものたつやさんは地域の小学校に入学しました。学校生活をサポートするのは、3年間かかわってきた学校看護師です。たつやさんの情況をよく知っている看護師は、小学校生活を安心して過ごすためのかけがえのない存在であり、給食の課題は残りましたが、地域の学校へという願いをかなえ、小学校生活がスタートしました。

12月には、12月13日付け『沖縄タイムス』が送られてきました。一面に「ペースト食提供ゼロ　通常給食難しい子17人」の見出しがあります。これまで、子どもにとって必要なペースト状にする二次調理ができず、母親が閉め切った給湯室で毎日給食をミキサーにかけていました。それを知った新聞社が市町村教育委員会にアンケートをとり、その結果を踏まえた記事が一面に掲載されたのです。沖縄の教育が動き出すかもしれません。これまで地域の学校に行けなかった子どもが、行けるようになるかもしれません。

この報告を受けて、私はうれしくてたまりませんでした。一つの出会いがひろがり、大きな動きとなって沖縄で「ともに学ぶ」教育が一歩前に進もうとしています。

原学級保障をめざして

50年以上にわたり、ともに学ぶ学校づくりに取り組んできた豊中にとって、めざすのは「原学級保障」です。しかし、今を生きる子どもたちの学ぶ権利を保障するために、支援学級に在籍しながら通常学級で学び、支援学級担任は各教室に入り込むというかたち、いわゆる「豊中方式」を試行錯誤をくり返しながらかたちづくっていきました。

就学相談の問い合わせをいただいた保護者の皆さんにこの「豊中方式」を説明するのですが、なかなか伝わりません。置かれた現状から抜け出せず、悩み続けておられると感じます。

子どもの将来を考えて、他の多くの子どもたちと同じようにできるようにしようとすれば、そこに能力主義が入り込み分離が正当化されていきます。

これでは安心して学校生活を送ることや、人間関係のなかで成長していくということが、はなはだ困難になってきます。大事なのは、子ども時代の分離は一生の分離につながることを大人として自覚し、子どもの「ともに学ぶ権利」を徹底的に保障するという姿勢を示すことです。そして、柔軟に思考することです。

くわしくは「資料編　豊中の障害児教育の歴史」（212～225頁）で書きますが、50年以上前に、就学猶予・免除の子どもの学習権を保障しようと結びついた保護者と教職員の活動が、重度肢体不自由児学級の設置につながり、拠点校方式が始まりました。ですが、しだいに保護者のなかから疑問の声が出てきました。小学校入学までは近所の子と一緒に遊んでいたのに、なぜ同じ小学校に行けないのか——地域の学校に障害児学級を設置せよとの要求につながっていきました。場所の確保、人の確保を要求していったのです。

この要求は、地域の学校に障害児学級を設置し子どもを分離する、本来望んでいた原学級保障とは矛盾するものであり、激しい議論がわき起こりました。地域の学校へ行きたいという親の願いや、原学級で学びを保障するのだという教職員の強い思いなどから、障害児学級担任が通常の学級に入り込み支援するというかたちが生まれ、しだいに定着していきました。

1978年に策定された「障害児教育基本方針」は、当面の取り組みの重要な裏づけとなるものでした。それが現在の豊中の教育にも引き継がれ、50年後の今も「原学級保障」という初期の思いは残しながら「入り込み」という豊中方式を続けています。

どの子どもも支援を受けながら成長していきます。小学校での生活を心配している保護者がいれば、支援学級に在籍する必要があるのか、通級指導教室が適切なのか、通常の学級での配慮でやっていけるのか、何度も話し合いの場を持ちます。また、通訳や言語指導が必要なのかなど、一人の子どもが学校生活を送るうえでどんな配慮が必要なのか、すべての子どもについて考えます。特別支援ではありません。当たり前支援です。

私も初任者の頃、個別に訓練のようなことをしたことがあります。もう少し歩けるように、もう少し数えることができるようにと。ふと見た子どもの顔は、歯を食いしばった悲壮なものでした。みんなから離れて「がんばれ、がんばれ」と言われる学校生活とはこの子にとって何だろうと、ひどいことをしているような気持ちになりました。

すべての子どもに選択肢を

入学してくる子どもの障害が重度であれば、２年前、３年前から入学の日に向けて環境整備にとりかかり就学相談が始まります。就学相談を経たほとんどの子どもたちは、地域の学校に入学します。一方、大阪府立豊中支援学校は、在籍する子どもの数が大阪府内で一番多いと言われています。また、豊中では２０２３年度、３小学校２中学校が一緒になって義務教育学校ができたのですが、その跡地に、新たに支援学校ができます。

保護者も、子どもの将来を考えて発達保障や職業訓練を期待していると思います。そもそも地域の学校へという発想が出てこないこともあるようです。障害があるからといって、一つの進路に限定されて選択肢がないとなれば、それは大問題です。常に進路選択の幅があり、選択肢は複数であるということをもっとしっかりと周知する必要があります。選択できることが大事だと思っています。

豊中では、就学相談をしたうえで、支援学校を選択することはほぼありません。保護者は、地域の学校を望んでいるからこそ、就学相談を受けるわけですから、これは十分に予想できる結果です。保護者が地域の学校を望んだ場合、あるいは迷っている場合は、どうしたら地域の学校で安心して学ぶことができるかを、保護者と教職員で考え、お金のかかることは教育委員会とやりとりをします。

就学相談は、支援学級に在籍するかしないかの判断をするために行うのであり、そこで支援学校に行くという話が出てきたり、学校から出したりということはありません。

支援が必要だと考え就学相談に来ているが、支援学級に在籍することにかなりの抵抗感を持っている保護者もいます。在籍することで、将来にマイナスの影響を及ぼすのではないかと考えてしまうようです。蓄積した資料を外部に出すことはないこと、将来にマイナスの影響をもたらすこともないことを伝えるのですが、在籍するかしないかの判断に時間がかかることもあります。この迷いは、障害者と見られれば差別されるという意識であり、生涯にわたり不利益を被るのではないかという恐れでもあります。

子どもたちの心をつなぐ

幼稚園やこども園、保育園などですでに日常をともに生活してきた子どもたちですから、小学校入学後も当たり前に「ともに学ぶ」生活が続きます。そうでない子どもたちも、楽しそうなかには入りたいもので、１ヵ月もすれば障害のある子どもとともに生活することに違和感はなくなります。

１年生のうちは、学校に慣れることが最も大事ですので、入り込みの時間を多くとります。学年が上がるにつれて、入り込む必要がしだいになくなっていき、入り込みの時間を減らしていきます。

入り込む際に大事にしているのは、グループ作業やプリント学習などにおいて、子どもの人間関係をしっかり見るということです。できるだけ一人の子どもにべったりとつくことを避け、全体を見るようにします。

教室では、学級担任（教科担任）と支援学級担任にとって最も大事なのは、子どもたちをつないでいくという役割です。授業においては、授業内容をより分かりやすくプリントにしたものを使ったり、教科によって別内容（たとえば5年生だけど3年生の問題集をする）に取り組んだり、授業とまったく異なる内容に取り組むこともあります。

パーテーションで区切られた教室の片隅にもう一つ机やイスを置き、マットを敷いてそこで授業を受けたり、廊下にもう一つ机を置き、廊下側の窓を開けて授業を受けたりすることもあります。さらに、授業中に校長室で休憩している子どももいます。

　要は、同じ場所にいることだけが「ともに学ぶ」ということではなく、異なる場所にいても、子どもたちの心がつながっていれば何でもありなのです。授業中に廊下を歩いている子どもがいたとしても、すべての教職員が、今からどこに行くかわかっているのです。もし、「なぜこの子が今教室の外にいるんだ」と思えば、おだやかに「どうしたん?」とわけを聞き、必要な対応をします。「すべての教職員がすべての子どもの担当である」との意識が、教職員が最も大事にすべき意識なのです。

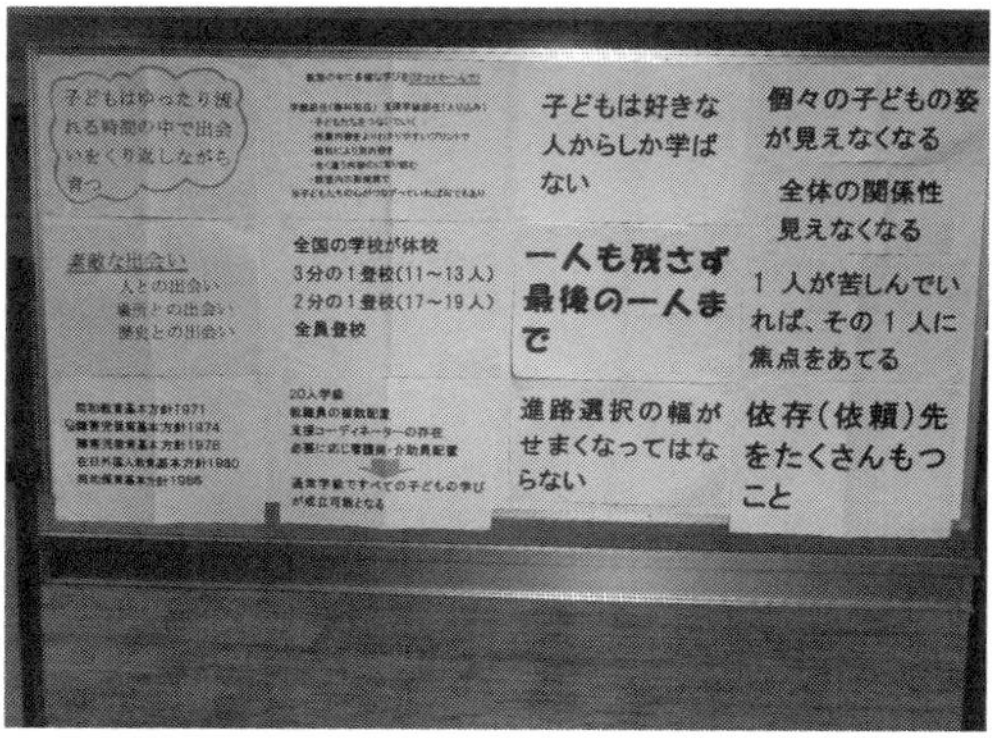

大事にしていること

教育において大事にしたい理念は、「子どもはゆったり流れる時間のなかで出会いをくり返しながら育つ」という考えです。出会いとは、人との出会い、場所との出会い、歴史との出会い、本との出会いなどさまざまな出会いです。これらと子どもの素敵な出会いにしていきたいのです。それも、ゆったり流れる時間のなかで。あまりにも今の教育が時間に追われ、効率を求めて子どもの成長を急かしていると思えてならないのです。

「ともに学び　ともに生きる」なかで、子どもたちは「自立」について気づいていきます。自立とは何でも自分でできることだろうか。もちろんできることは自分でやるが、できないことは頼むことができる人間関係がたくさんあることではないかと。

教室では「学び合い学習」が行われます。ですが、ここで「できた人は、まだできてない人に教えてあげて」としては、教えた相手が理解できないと「なぜこれでわからないの」と相手を責めることになります。教室に、わからないことをわからないと言える安心感があり、「教えて」と言える雰囲気があれば、教えた相手が理解できないと、教えた方の責任として「明日でもいい？　もっとわかりやすく伝えることができるように考えてくるから」となるのです。頼られるのはうれしいものですから。「ともに歩む社会」でみんなもう少し楽に生きていくことができたらと子どもたちと語り合っています。

平均点は気にならないのですか

全国の教職員の皆さんと「全国学力・学習状況調査」について話していると、特別支援学級に在籍している子どもは、受験しなかったり本人に確認して判断したりしていると聞きます。南桜塚小学校では、点字やルビふり問題、代筆などですべての子どもたちが受けていると話すと、決まって出てくる質問が「平均点は気にならないのですか？」です。「気にならないのか」と問われると、「気にならない」としか答えようがありません。すると「なぜですか？」と、再びお決まりの問いが来ます。答えを用意していたわけではありませんが、豊中で教育に携わってきた経験から出てくる言葉があります。

「平均点で、都道府県や学校の値打ちを見ていくと、個々の子どもの姿が見えなくなります。点数で子どもを評価していくと、集団のなかでの関係性が見えなくなります。」

集団における関係性をしっかりと見ながら、一人ひとりの子どもを大事にしていくということです。いつの間にか能力主義でがんじがらめになっている頭を、少しほぐしてみる必要があるのではないでしょうか。

点数をとる子どもを、ときに安心してほったらかしにしてしまうことがあります。しかし、実は人間関係に苦しんでいて、今、最も気にかける必要のある子どもかもしれません。

「１００人が楽しい、これでいいと言っても、一人が苦しんでいれば、その一人に焦点を当てて進めるのが教育である」――この教育の原点を忘れると、子どもたちにとって教育は、大人のエゴによってつくりあげられた、残酷な制度になってしまいます。

校区まるごと学びの場構想

不登校が34万人を超えたと、危機感をもって言われます（文部科学省２０２３年度調査）。しかし、この数字には含まれていないけれども、親に心配をかけたくないとぎりぎりのところで踏みとどまり、重い心で学校に通う子どもたちがどれほどいることでしょう。

私自身をふり返ったとき、何をしてきたか。

「教育はこうあるべきだ」という考えのもと、規則でがんじがらめになった枠のなかに、どうやって子どもを押し込めようかと躍起になっていました。

学校に行くことができない子どもを毎日呼びに行き、「今日は無理か、明日は行こうな」と一方的に約束をして帰る。子どもは、また一方的に「学校に行こう」とやってくる担任の姿を想像し、明日という日がどんなに怖かったでしょう。

ですが、それなら「学校がすべてではない」といっけん物分かりのいい大人でよいのでしょうか。教室に入ることができない子が入ろうと思う教室はどんな教室だろう、学校に行けない子が行ってみてもいいかなと思う学校はどんな学校だろうと、私たちは悩み続けながら取り組んでいかなければなりません。

不登校について、２０１７（平成29）年に「義務教育の段階における普通教育に相当する教育の機会の確保等に関する法律」（教育機会確保法）が施行され、不登校児童・生徒の状況に応じた教育機会の確保の必要性が規定されました。

そして、２０１９（令和元）年に「不登校児童生徒への支援の在り方について（通知）」が文部科学省から出され、不登校児童・生徒が主体的に社会的自立や学校復帰に向かうよう、不登校のきっかけや理由に応じて、適切な支援や働きかけを行う必要性、個々の状況に応じて、教育支援センター、不登校特例校、フリースクールなどの民間施設、ＩＣＴを活用した学習支援など多様な教育機会を確保することの必要性が示されました。

２０２３（令和5年）年には「誰一人取り残されない学びの保障に向けた不登校対策」である「ＣＯＣＯＬＯ《こころ》プラン」により、学びの場の確保、継続した学び、子どものＳＯＳを見逃さない「チーム学校」としての対応、「みんなが安心して学べる」場所としての学校の構築などを目指すことが示されました。

このようななか、日本全国で各地の状況に応じた「学びの多様化学校（いわゆる不登校特例校）」の開校が進められることとなりました。この方針に対しては、「分離教育につながる」という声もたくさん聞こえてきます。すべての地域の子どもが「行ってみようかな」と思える学校づくりに悩みながら取り組んできた地道な姿勢が、もしかすると大きく変わってしまうのではないかと、危惧するところでもあります。

私たちがめざしている教育の一端として、「校区まるごと学びの場構想」があります。これまで「学校を中心として地域で子どもが育つ」という考えで教育を進めてきました。学校は、教室だけではなく校舎の裏、屋上、運動場の木陰、池の周り、プールサイドなどあらゆるところが学びの場です。それを校区全体に広げていこうというイメージです。そこに「人との出会い・場所との出会い・歴史との出会い」が生まれ、自分が育った故郷が大好きになってほしいのです。そんな子どもたちが、生涯安心して住み続けることができるまちづくりの担い手に育っていくという夢をもっています。

そのためには、地域・学校が行政とスクラムを組んで、予算措置も含めて、校区にある公共の施設や公園、住民の理解と協力による環境整備が必要です。住民参加で取り組む過程で、それが生涯にわたり誰一人排除されない、いつまでも住み続けたいまちづくりにつながるという意識が醸成されていくことが期待されるのです。

「豊中型学びの多様化学校」への期待

学びの多様化学校（いわゆる不登校特例校）は、不登校の子どもの受け皿であるとか、すべての子どもの学びを保障するという枠を大いにはみ出す新しい発想から生み出すことが大事です。市内の中学校から集まってきた子どもたちは、地域の学校から離れてしまいます。しかし、子どもたちは地域で生きていくのであり、地域の人間関係はやはり大切です。

地域とつながっていくためにも、市内に存在する新しい学校として、先ほどの「校区まるごと学びの場」からさらに広げて、「市内まるごと学びの場」と考え、ゆとりのある時間構成で、充実した学びを創造していくことが必要です。

「学びの多様化学校（いわゆる不登校特例校）」と地域の学校との連携を大事にしながら、学びの多様化学校で育った子どもたちが、市内の学校に出前授業で出向いていくような取り組みも考えることができます。子どもたちがお互いを知り、実際の学びの距離は離れていても、心がつながっていることが大事であると考えています。

また、人権関連施設の出先機関を学校敷地内に設置したり、資料館、博物館の開設、また民間事業者がまずは小さな拠点として部屋を確保するなどにより、人が集まる場所として市民に認知されていくことも大事であると考えます。校舎の配置も配慮し、おだやかな教育環境を維持することも必要です。

子どもたちが人と出会う機会をつくりやすく、子ども自らも積極的に関連施設を「のぞいてみようかな」と一歩踏み出すことができるような環境があってもいいのではないかと思います。とにかく柔軟な発想のもとで議論が進み、学ぶ先に未来が見える学校として運営されていくことを期待しながら、私たち教職員は積極的に発言し、行動することです。

さらに、１クラスの生徒数を20人前後にすることで、すべての子どもが安心して学ぶことができる原学級保障につながるモデルケースにもなりうるのではないかと夢が広がります。豊中型学びの多様化学校が、豊中のすべての学校、豊中の教育のモデルケースとなるのではないかと、大きな期待を抱いているところです。

学校を中心として地域で子どもを育てる

連日、保護者から就学相談の依頼が来ます。

「障害があるわが子を地域の学校で、できるだけ通常の学級で学校生活を送らせたい。」

「長い間学校に行けていない。豊中であれば、もしかしたら行けるようになるのでは。」

「住み替えを考えているが、子どもの教育を中心に考えたい。」

このようなさまざまな願いのこもった電話がかかってきます。

遠方からの電話の場合、「話を聞いていただけて、気持ちが楽になりました」で終わることもあります。しかし、多くの電話は、「学校を訪問させてほしい」という依頼になっていきます。これまで、一度も断ることなく学校見学を受け入れ、当たり前の学校の姿を見ていただきました。

子どもの教育を最優先に考え、ふるさとから移り住み、遠距離通勤もいとわないという姿を見るにつけ、人々がつながるだけつながって古くて新しい「行きたくてしょうがない学校」をつくってしまおうという勢いも必要ではないかと思うようになりました。

今日見学した学校が、自分の子どもにとって安心できる学校であるのか、仕事は見つかるのか、住む場所はどうするのか、子どもの気持ちはどうなのかなど、越えるべきハードルはたくさんあります。それを何とかしようと、「今、公立がおもしろい」と発信し、「ともに学ぶ」教育を進めてきました。

一方、公立学校に限界も感じています。教職員の多忙化について、本質から外れた議論が展開され、いっこうに事態が改善されないなか（改善されないのではなく、そもそも現実をまったく理解していないとも言えますが）、学校現場が、夢を語り夢を実現する場所ではなくなっています。夢を語ることのない教育は、もはや教育と呼ぶことはできません。いずれ、常に競うことを求められる訓練の場と化していくでしょう。

「今、私立がおもしろい」と発信する時代が来ているのではないかとも考えてしまいます。人口減少に悩む市町村が、私立学校法人やフリースクールなどとスクラムを組み、子どもの教育を重視した移住促進を図っていくことを、北摂・阪神地域で実現できないかと夢を描いています。

全国で、義務教育学校が開校し、少子化により小・中学校が再編統合されるなど、学校の跡地利用が可能となっています。また、住む人のいなくなった家屋を、子育て世代の移住支援として結びつけていくことによって、学校を中心として地域で子どもを育てるという教育の原点に立ち返ることができます。

地域のすべてが学びの場、町内のすべてが学びの場になることも、現実味を帯びてきます。個々の子どものペースに合った柔軟な教育課程を編成し、あえて時代遅れと言われそうなことを大事にして取り組んでみることも、子どもたち自身が自らの興味・関心に気づくという点で非常に大事だと思います。

地域で農業やモノづくりに携わる方々の小さな拠点を学校に築き、学校教育が外によく見える、地域の様子が学校からもよく見える、そんな安心感に包まれた教育を進めていくことが、これからの教育に必要であると考えています。

学校の統廃合が進んだ地域で「うれしいことがあっても、悲しいことがあっても、学校に集まった。その場所がなくなって、本当にさみしくなりました。活気がなくなりました」という声を聞きます。学校は、住民の誰もが関係する稀な場所です。そんな学校をまちづくりの中心に位置づけ、移住してきた住民が新しい風を吹き込み、伝統を維持しながら新しい展開が生まれるという好循環が期待できるのではないでしょうか。

そもそも今の教育制度になじむことができない子どもがいるのが当たり前で、そんな子どもたちが新たな故郷として考えることができる取り組みが始まるのは、必然であると考えています。

子どもたちにとって安心して学び生活できる学校・地域は、大人にとっても、人を孤立させない、いつまでも住み続けたい町であるといえます。広く社会が抱える課題、地域の課題、個人の課題と焦点を絞り、一人ひとりが大事にされている、必要とされていると実感できる地域社会の創造を目指していきたいものです。

ここにも「ともに学び　ともに生きる」教育が生きてきます。制度のもとで取り組みを進めていくのは当然ですが、制度を越えてこそ救われるということもあります。制度が整うのを待っているようでは遅いのです。私たちが制度をつくるのだという気概を持って教育を進めることです。

「ともに生きる」ために

ここ2年間で、数えきれないほどの多くの方たちに出会ってきました。たくさんの保護者からの相談の電話も入ってきました。これほど子どもや保護者の願いが通らない現実があるとは思ってもいませんでした。

これまで、どんなに重度の障害があっても、望めば地域の学校の通常の学級で生活をしている光景が当たり前でしたので、重い現実を突きつけられた思いでした。私たちにはそれがかなわない現実を想像することがなかなかできませんでした。行政や学校は、選択肢や制度について積極的に示していくという役割を、当たり前に果たしていかなくてはなりません。前例や決めつけで進路を限定し、決定しては

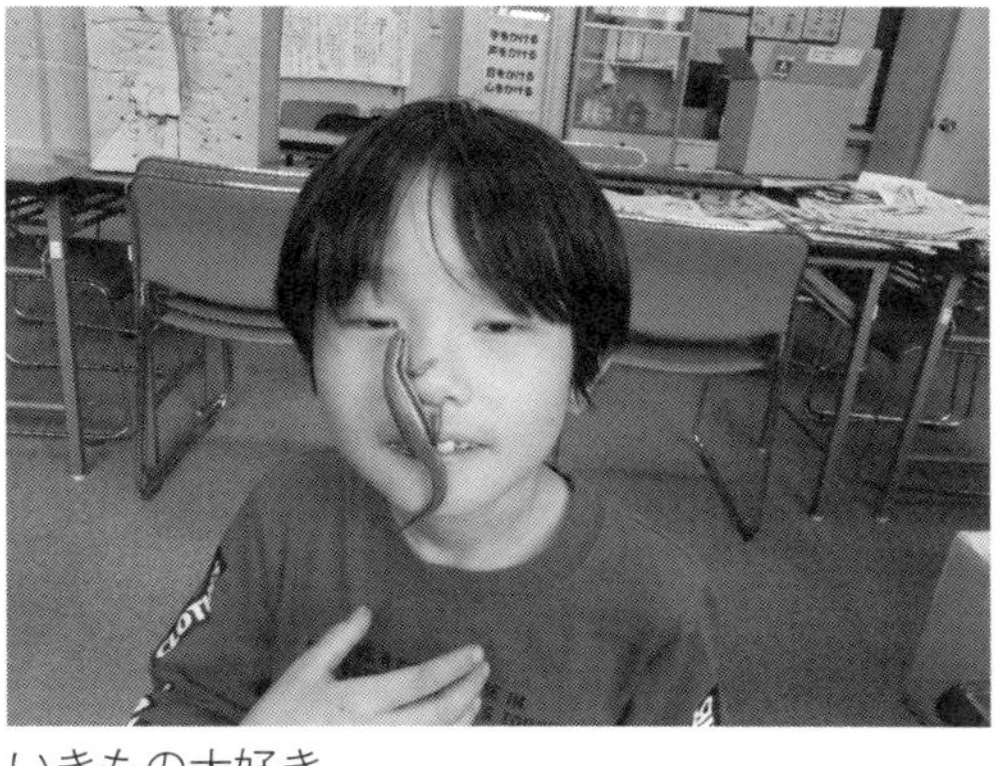
いきもの大好き

なりません。教育改革を唱える前に、日本に改革すべき当たり前の教育が、そもそも存在しているのかを問うてみることです。

私たちは、「ともに学ぶ」なかで何度も何度も子どもたちの言葉や行動のなかに奇跡を見てきました。当初は分離したうえでの訓練や学習を望む保護者もいますが、ともに学ぶなかで、しだいに、奇跡のような出来事に出会い、子どもの成長を感じ始めます。

子どもに対して担当者・係をつくらないということと、もう一つ大事なことは、特別な場所をつくらないことです。どんなに親しみのあるいい名前をつけた部屋であっても、そこが特定の子どもが先生と向き合い学習をしたり、活動場所として使用している限り、他の子どもたちにとって自分とはまったく関係のない特別な場所になってしまうのです。すでに特別視（特別扱いではない）されている子どもたちと「交流」の名のもと通常学級で一緒に学ぶ時間があっても、しだいに心のなかで排除が始まり、偏見は子どもの心に定着していくのです。

心でどんなことを思っていたとしても、行動を変えることはできます。一見おだやかな学校生活を送ることもできるでしょう。しかし、そこにあるのは自分が世間からどう見られるかを意識した、自らの生きやすさを保障するための生き方であり、けっして「ともに生きる」ということにはつながっていきません。

次から次へと校長室にやってくる子どもたちが、走り回り、歌を歌い、踊っている姿を見ながら笑顔になれるのは、そこが安心して過ごせる特別ではない部屋であると実感できるからです。

当たり前を当たり前にやる教育

「特別」ということで言えば、人に対しては「特別扱い」がとても重要です。学校に通うすべての子どもたち一人ひとりに、特別な配慮が必要なのは言うまでもありません。子ども本人、保護者との懇談や日常の話のなかで、また学校生活のさまざまな動きのなかで、必要な特別の配慮が明らかになっていきます。すべての子どもたちを特別扱いし、その特別は一人ひとり違います。学校で必要なものや必要なことは一人ひとり違うということです。それは安心して学校生活を送ることにつながっていきます。

このことを学校で生活するすべての人が共通認識し、進めていくのが教育です。子どもの最善の利益を優先するためには何でもありという意識を大事にしています。教育は子どもの実態に応じて何でもありだからこそ、これで完璧という着地点がなく、悩み続けるのです。

これまで、子どもたちが生き生きと安心して学び生活できる学校をめざし、議論を進めてきました。

能力主義にからめとられた今の社会を見つめなおそう。

子ども抜きの話はやめよう。

長い間に培われた学校という硬い枠のなかに子どもを押し込めるのはやめよう。

このような議論をしながら、考え続け、悩み続けてきました。

通知表をやめた、宿題をやめた、担任制を廃止した学校があると聞けば、そのことについて議論してきました。夏休みの課題をやめて、子どもの自由な発想で取り組んできたことを評価しようという話もしました。

しかし、議論を進めるなかで、そもそも自由な発想をするというスタートラインにつけない子どもがいるという現実を直視することが大事であると気づいていきました。

どの子にもまず、同じように課題を出すという長く続けてきたやり方も、悪くはないと思っています。「どうや、やってるか」と夏休みに家を訪ね、顔を見て声をかけることはとても大事です。

今、私たちが日常で行っている教育は、何も特別ではない、昔ながらのものです。クラス担任がいて、宿題があり、テストを行っています。学年やクラスの枠をとりはらって、すべての教職員ですべての子どもを見ていくということは、クラス担任という中心がいてもできることです。

「宿題できてるか」と、ほかの話題にも広がっていく声かけが大事です。テストができたときの喜びも大事ですし、できないことをくり返しやってみることも大事です。こんなことをすべての子どもとともに、けっして急かされないゆったり流れる時間のなかで行っているのです。

テストが悪いわけではありません。テストの点数で評価し、できる子、できない子という見方をする大人の側に課題があるのです。序列化するためであれば、テストは必要ありません。そもそも成績をつけるためのテスト、人を評価するためのテストという枠から解放されなければなりません。

興味・関心に基づいて自主的に自由な発想で夏の自由研究をやりなさいと言いながら、出来がいいと主観的に判断した作品を校長室前に貼り出そうとしてしまうのです。そして、興味・関心に基づいたこの自由な発想がすばらしいと評価してしまうのです。子どもたちも、結局は、こういう作品が先生は好きなんだと固定された考え方のもと、ため息をついてしまいます。

まさに私のなかにある発想がそうでした。能力主義から解放された「当たり前を当たり前にやる教育」、これにつきます。

しかし、日本の教育は、子どもたちに学ぶ権利があるという基本中の基本が忘れられ、地域で生まれた子どもが地域の小学校に行くという、当たり前にも至っていないのです。これまで積み重ねてきた教育を大事にしながら、「当たり前」をめざして取り組んでいかねばなりません。

学校は、5年ほどで多くの教職員が入れ替わってしまいます。「特別」は人の入れ替わりとともに変質し、大事なものを見失ってしまう可能性があります。そして、あとには教育に対しての賛否両論が飛び交い、対立を生んでしまう可能性もあります。

ゆったり流れる時間のなかで、当たり前を当たり前にやっていくと、子どもはゆっくり成長していきます。ゆっくりと身についてきたことは、簡単にははがれてしまいません。ゆっくりとつながっていった人間関係は、一生のつながりに成長していきます。

重度の障害があるなど、さまざまな立場の子どもが地域の学校で過ごすという当たり前が、大事にされる社会であってほしいと願っています。そして、したいことを見つけることができる社会、あきらめなくてもいい社会をつくりたいと思います。義務教育後の進路についても、展望をもって語り合い、実行できる世の中を実現していきたいと思うのです。

〈注〉

①１９５０年代から地域や学校の格差に起因する「越境通学」が社会問題化していた。被差別の立場にある子どもたちが通う地域の学校を避け、子どもを「有名進学校」に越境入学させているという実態があった。

第4章 地域で生きる

卒業後の進路

小・中学校の義務教育の間は当たり前に学校生活を送ったとしても、その後の進路では、行きづまってしまうことがほとんどです。大阪の高校における知的障がい生徒自立支援コース[1]や共生推進教室[2]で学ぶことができるのはほんの一部の子である状況は、長年何ら変わりません。

中学3年生の進路指導では、行きたい学校ではなく、行ける学校を探すことになります。大阪府では定員が割れると全員合格できるため、願書締め切り日の10時ごろには、教職員が3校ほどの学校にそれぞれ願書をもって待機します。そして願書を提出して学校から出てくる生徒に受験票を見せてもらい、定員まであと何人であるかを判断します。その状況を定期的に入試対策本部となる学校に連絡を入れ、情報共有をします。

11時を過ぎたころから動きがあわただしくなり「〇〇高校、あと定員まで38人です。定員割れる可能性あります」「〇〇高校、定員越えました」「〇〇高校、定員まで5人。厳しいです」などのやりとりをしながら、最終的に定員が割れた学校や定員をわずかに超えた学校に願書を出し、受験するというようなこともしていました。

交通の便が非常によいところにある定時制高校も、受験対象になります。さまざまな年齢層の生徒のなかで、人間関係ができるということが、その後の人生の豊かさにつながっていることもあります。

豊中市進路保障委員会・豊能地区進路保障協議会は、障害のある生徒に対する受験上の配慮について、長い時間をかけて充実を図ってきました。条件はつきますが、現在、学力検査時間の延長、代筆解答、別室受験の際の付き添いに複数の教職員で対応することなどが認められています。

また、ディスレクシアの生徒に対して「時間延長（1・3倍）」「別室受験」「問題用紙の拡大」「代読」などが認められ、受験に際してさまざまな配慮が行われるようになりました。

小学校から中学校へ進学する際に、高校進学を見通して、新たな配慮事項が必要であると考えられる場合は、豊中市進路保障委員会・豊能地区進路保障協議会は関係機関・団体と連携し組織的に豊中市・大阪府に対して長期にわたる対応を行っていきます。ことは簡単にはいきませんが、さまざまな場面における配慮事項を明確に位置づけていくことで、後に続く子どもたちにとって、受験時の苦労を少しでも減らすことができればと取り組んできました。

ゆっくりしておいで

セブン&チェリー作業所が学校に物品販売に来たときのことです。突然、一人の男性に「はしもとなおきせんせい」と声をかけられ、びっくりしました。

私はその男性の顔を見て、即座に「みっくん」と声が出ました。一挙に時間が35年ほど戻ったかのようです。初任校で「みっくん」と愛称で呼んでいた子でした。お母さんとも久しぶりの再会で、話が弾みました。子どもの将来を考えて作業所を立ち上げ今日までやってきて、やっとむくわれたというのです。何にむくわれたのかと聞くと、「このあいだ、所用で『いってきます』と言ったところ、息子が『ゆっくりしておいで』と言ってくれたんです」ということです。

「ゆっくりしておいで」というこの言葉でむくわれた、とお母さんは言いました。実に30年、40年かけて「むくわれた」にたどりつかれたのです。豊中市内の学校とつながっている作業所には、多くの人の深い思いがこもっています。この作業所では、豊中でともに学んできた方々がたくさん働いています。

法学部めざしてるんです

今、豊中市内の高校に通っているあやかさんは、法学部に進学する夢を抱いて学校生活を送っています。あやかさんは、筋力の低下や筋肉の萎縮を起こす難病、脊髄性筋萎縮症の患者です。小学校3年生のときに、当時日本で認められていなかった治療薬「スピンラザ」の承認を求める作文が参院予算委員会で読み上げられました。２０１７年1月のことです。その年の8月に「スピンラザ」による公的医療保険での治療が認められました。

その後、地元の中学校に進学し、休み時間に医療的ケアを受けながら電動車イスで学校生活を送りました。高校入試に際して、別室、１・3倍の時間延長などの受験上の配慮を受け、さらに筆記ができるところまでは解答用紙に自分で書き、限界が来たところで代筆を望みました。しかし、すべて代筆か自分で筆記するかの選択を迫られ、すべて代筆の場合、自分の意思を伝え解答することの困難さを考え、すべて自分で筆記しました。

高校生活では、ESS国際交流部に所属し、生徒会会計としても活躍しています。今、「みんなと一緒にいられる環境が当たり前になってほしい」という思いを持ちながら、大いに楽しみ、学校生活を送っています。

教職員のあきらめない行動

2013年10月30日付け『読売新聞』朝刊の記事「社員を幸せにする会社」をノートに貼って大事に読み返しています。チョークメーカーである日本理化学工業が、障害者雇用に積極的で、社員の7割が重度の人も含む知的障害者であるという記事です。

2014年4月22日『読売新聞』夕刊でも、日本理化学工業の記事に出会いました。障害者雇用のきっかけは、1959年に特別支援学校の先生から「うちの生徒の就職をお願いできませんか」と頼まれたことであると記事にはありました。最初は断ったけど、三度目に先生が話した言葉で事態が動き出します。

「子どもたちは卒業したら施設に入ります。そうしたら、働くことを知らずに一生を終えます。せめて働く経験だけでもさせてもらえませんか。」

何年経ってもこの言葉が頭から消えません。2週間の約束で実習をするなかで生徒の熱心さ、工夫次第で作業を進めることができることに気づき、社員の総意で雇用することになったということです。
きっかけになったのが、学校の教職員のあきらめない行動でした。１９６０年代、70年代に、やはりあきらめることなく子どもたちの生きる権利を保障しようと奔走していた教職員の姿と重なってきました。

外国籍の子どもの学ぶ権利

外国籍の子どもが豊中に転入してくると、教育委員会学務係で手続きをした後、人権教育係に案内します。そこで、通訳や日本語指導の必要性を判断し、情報が学校に来ます。学校は、必要に応じて教育委員会に通訳派遣や日本語の巡回指導を依頼します。国際交流センターでは日本語教室がありますので、そこで日本語を学ぶことを勧めることもあります。

ともに生活するなかで、ある程度の日常会話は身につきますが、授業を理解し自ら学ぶための学習言語を身につけるためには相当な努力が必要です。半年ほど経ち、休み時間などに楽しそうに日本語で会話をしているので、大丈夫だと思っていると、授業はまったく理解できていなかったということもあります。

また、読み書きはさらに努力を重ねる必要があるため、外部機関とも連携し、日本で安心して生きていけるように支援が必要です。豊中は、さまざまな国の方々が少人数で点在しているので、少数言語の場合は通訳が見つからないケースもあります。

ジョセフの場合は、フィリピンからやってきたので母語はタガログ語であると思い込んでいたのですが、いざ受け入れたところ、母語がビサヤ語であることがわかりました。教育委員会に通訳を要請しましたがなかなか見つからず、時間がかかりながらも何とか一人の通訳者に来ていただけました。

ジョセフは、母語を話す機会がほとんどなく、とてもさみしい思いをしているようでした。周りのクラスの仲間とフィリピンの写真を見ていて、涙を流したこともあります。

そんなとき、国際交流センターから電話が入り、フィリピン大学の先生とオンラインでつながってみないかという申し出がありました。早速ジョセフと保護者に連絡し、日時を決めて当日を迎えました。

私たちにも内容が理解できるように、英語の通訳者にも来てもらいました。大学の先生にビサヤ語を英語で伝えてもらい、英語を日本語に訳して私たちに伝えるという会話をしました。

ジョセフのこれまで見たことのない、うれしそうな表情が印象的でした。今後は、フィリピン大学の先生とジョセフの家庭で日時の調整をして、会話を続けていくことになりました。その後は、学校での宿題なども校長室で終わらせて帰るなど、意欲的な姿勢が見えてきました。

ジョセフがなかよくなったのが、ダウン症のゆうちゃんでした。ジョセフの体をゆうちゃんがたたくという行為も、ゆうちゃんが心をゆるしていることのあらわれで、人間関係が深まるとともにジョセフが見せるおだやかな表情から、教室が少しずつ安心できる場所になってきたようでした。

子どもの情報を共有することで、支援の輪が広がり、支援の選択肢も増えていきます。教育委員会、国際交流センター、学校の連携が、ときに不安な思いで日本に来た子どもの大きな支援になります。そして、その保護者にとっても日本での生活の安定につながっています。

１９８０年に制定された「豊中市在日外国人教育基本方針」にもとづき進めてきた、多文化共生教育は、さまざまな事情のなかにある子どもたちの学ぶ権利を保障してきました。

放課後の通級指導教室

通常学級に在籍しながら、別室で特別な指導を受ける子どもが年々増加しています。

大人が「困った子」ととらえて、安易に通級指導につなげることには慎重であらねばなりません。困っているのは子ども自身です。保護者と情報を共有しながら対応することが非常に大事です。

2023年度より豊中市内の全小・中学校、義務教育学校に「通級指導教室」が設置されました。

これまで、隣接校に設置されていた通級指導教室（ことばの教室など）に通っていた子どもが、自校の教室で指導を受けることができるようになりました。家庭からの申し出や、気になる子どもへの気づきがあった場合、「通級」に通うということが支援として適切ではないかと、必要に応じて保護者との懇談を何度も持ちます。

その際に同席するのは、子ども本人、担任、通級指導担当、支援コーディネーター、校長です。一人の子どもについて、その場で、「通級」に通うことが適切であるのか、支援学級在籍を考えるのか、通常の学級での配慮で安心して学校生活を送ることができるのかを判断していきます。

しかし、話し合いの結果、学校側から当面通級を利用せず、様子を見ようと結論づけた場合、困り感を持っている保護者は、「学校に受け入れてもらえなかった」「拒否された」と学校への否定的な印象が定着してしまうことがあります。そうならないように、話し合いは3回、4回に及ぶこともあります。

これまで豊中で大事にしてきた教育を踏まえて、注意すべき点があります。授業中に突然声を発したり、立ち歩くことが増えてきたことをもって、発達特性があると判断し、通級指導に結びつけないことです。立ち歩いたり声を発すれば、何か伝えたいことがあるのではないかと、クラス全体で理由を聞く姿勢を示すことが大事です。それも含めて授業だと考えてきました。

そして、通常学級の担任や入り込みによりクラス全体を見ている支援学級の担任の配慮や工夫で、通常学級での学習保障をめざします。そのうえで、教室での観察期間も設けながら保護者も納得するかたちで判断していきます。

通級の利用が決定すれば、子どものスケジュールも考慮し、まずは一定のお試し期間として経験し、本人が望む内容であるかどうかを本人の気持ちを大事にしながら聞き取ります。

通級指導教室を利用することが決定すれば、個別の支援計画を作成し、指導が始まります。週に一回、2週間に一回、月に一回など、子どもの状況により回数はさまざまです。担当者は、遊びを取り入れながら信頼関係を深めていきます。会話を楽しんだり、体を動かしながら九九を覚えたり、発音練習をしたりするなど、コミュニケーションを重視ながら訓練的な要素も入れ、充実した時間となるように構成しています。

学級内での様子も含めて保護者・担任と情報共有をし、指導内容を見直します。一定期間継続しながら指導目標が達成されたと判断できれば、指導の終了とします。また必要とあれば再開することも柔軟に考え、対応します。

通級指導教室において重要なのは、教職員間の情報共有です。利用児童の様子は、まず指導後に担任に報告し、改めて学年教職員で共有するようにしています。その際の話し合いを、教室環境や授業改善につなげ、さらに安心して学ぶことができる状況を生み出しています。

もう一つ非常に重要なのは、放課後の時間帯に実施するということです。授業時間中に別教室で通級指導を行うことはありません。支援学級在籍の子どもを取り出すことで、微妙に生まれてくる子どもたちの心の変化と同様の状況が生まれてきます。あとにやってくるのは「通級」で取り出すのだから、支援学級に在籍する子どもも取り出して勉強を見てあげたら、もう少し点数がとれるようになるではないか、能力を高めてあげようではないかという考え方です。

これは、まちがいなく子どものためを思い、出てくる考え方であるだけに、問題は深刻です。一つの学校で、通級指導教室に通う子どもが15人を越えると、放課後の時間帯では対応できなくなっていきます。通級指導教室の利用が適切であるのか、支援学級在籍も考えるのか、日常の配慮で学校生活を十分に送ることができるのかの判断がやはり非常に重要になってきます。

子ども抜きの話にはしないという基本を大事にしながら、能力主義にはまってしまうことなく、原学級で学校生活を保障するという原点を、絶対に忘れてはなりません。

能力主義と向き合う——豊中市人権教育研究協議会

豊中の教育の発展に多大な影響があったのは、豊中市人権教育研究協議会の存在でした。1964年に38人の教職員によって「同和」教育の研究組織が発足しました。ここに能力主義教育の束縛から人間として解放されることをめざし、実践を展開していくこととなったのです。

1968年には豊中市立克明小学校で第1回大阪府同和教育研究集会が開催され、人権課題を府内全域の教育課題としてとらえ始めました。

しかし、現実には一部の学校の実践にとどまり、市内全体の課題にまではなっていませんでした。1971年12月に「豊中市同和教育基本方針」が策定され、1972年には同和教育研究協議会（市同研）と改称し、7つの専門部会が発足し、部落解放教育が教育の原点であり、全学校園で取り組むべき課題であると確認されました。

現在は、「豊中市人権教育研究協議会」として、4つの専門部会「子どもの育ちと仲間づくり」「人権・部落問題学習の展開」「人権の基礎体力づくり」「人権文化を育む学校園づくり」の活動、夏季研究会、人権学習講座・夏季セミナー、中学校区人研、人権・平和の集い――はばたけ豊中の子どもたちなど、多岐にわたる人権課題について取り組みを進めています。

2023年度の夏季セミナーでは、「インクルーシブ教育」について改めて歴史も含めて学ぼうということで「ともに学び　ともに育つ～豊中がこだわってきたインクルーシブ教育～」と題し、インクルネット西宮代表の鍛治克哉さんを講師として議論を深めました。

このような研究活動が学力保障や進路保障と結びつき、大きな成果をあげてきました。学力保障・進路保障を最も重要な課題としながら、その取り組みが点数主義・能力主義に向かう危険性を常に意識し、教育の原点である「一人も残さず最後の一人まで」どうしていくのかを考え続けてきました。

豊中市人権教育研究協議会の歴史をふり返るとき、インクルーシブ教育という言葉を使うことはまずありませんでした。常に、すべての子どもの学ぶ権利を保障し、学力保障・進路保障につなげていくという原点からはずれることなく、厳しい議論を重ねてきました。言われてみれば、豊中の教育はインクルーシブ教育と言えるのだと思います。

ただ一緒に遊ぶ――サークルひこうきぐも

１９８５年以降、各中学校で障害のある仲間とつながろうと、サークルが結成されていきました。私がつとめていた豊中市立第九中学校でも、１９９１年11月９日に結成式が行われ、活動がスタートしました。

私が第九中学校につとめたのは、結成から10年ほど経った２０００年代に入ってからですが、活動を進めるにあたって大事にしてきたのは、卒業してからもずっとつながっていくための準備としてゆるーく活動し、深くつながっていくということでした。

現在、豊中市内の中学校で唯一活動を続けている「サークルひこうきぐも」について、豊中市立第九中学校「創立50周年記念誌」などを参考にして、少し触れておきたいと思います。

１９９１年５月に「豊中若者の集い③」開催の案内が各中学校に送られてきました。のちにサークルの世話役となる教職員が中学1年生を連れて実行委員会に参加したのが、サークルひこうきぐもの結成につながっていきます。

障害のある子どもの親の会が主催するやきそばパーティにお客さんとして参加していた子どもたちは、すでに活動していた他校のサークルの報告に刺激を受け、「自分たちにできることが何かあるはず」と動き始めました。

「サークルひこうきぐも」を立ち上げたときは、1年生2人のスタートでした。次第に仲間が増えていき、週一回昼休みに集まるほか、たこ焼きパーティを開いたり、ボウリングやプールへ行き、障害のある生徒もない生徒も一緒に遊んでいたということです。

この「一緒に遊んでいた」ということが大事で、一緒にいることで人間関係が発展し、卒業後にも思いを馳《は》せるようになっていきました。障害のある仲間には、義務教育を終えると、ほとんど社会とのつながりがなくなってしまうこともあります。サークルで集まることで、社会とのつながりをつくることができれば、それが今できる精いっぱいのことではないかと考えていました。

代表の前川美由紀さんは、中学校卒業後30年以上続けてきたのは、ただ「一緒に遊ぶこと」だといいます。一緒に過ごした仲間と一緒に遊ぶ、一緒だと楽しいから、当たり前のこと。そこに特別な何かはありません。やはりここにも、この地域で生まれ、この地域で学び、この地域でつながり生きていくという、人として当たり前の営みがあります。

私も何度か参加した夏休みに実施する1泊2日の「ふれあいキャンプ」は、この中学校の先生だから参加するという義務的な思いはまったくなく、とにかく楽しみたいから参加していました。参加せずにはいられないものでした。日帰り参加の就学前の子どもたちが、「泊まっていきたい」と言い出し、帰ろうとせず困ってしまうのです。お互いにとくにかまうことはありませんが、困っていたり遠慮していれば、誰からともなく声がかかり、笑顔になります。ずっと一緒にいたくなります。

今も私のもとに「サークルひこうきぐも」の恒例行事のハガキが届きます。このハガキを見ると、仲間として大事にされていると感じ、私は笑顔でいっぱいになります。

何をするにもお金は必要です。活動資金を集めるために地域のお祭りに模擬店を出店し、大いに楽しんでいます。「たのしそうやなと思ったら来てください」がコンセプトで、誰でも参加可能ということです。障害があるとかないとか、どういう立場とか、「分ける」のが面倒くさいでしょう。

前川さんのこの言いようが豊中なのです。このようにつながったその先に目指すのは、今の生活にもう一つ立ち寄ることができる場所をつくることだと前川さんは言います。そここにあるのは、世話する・されるではなく、「普通」の生活です。「みんなでなかよく、たのしく」という、サークルの根っこを大事に「普通」の生活をかなえようと活動は続きます。

避難所開設研修会にて

２０１8年6月18日7時50分過ぎ、いつもと変わらない「おはようございます」の元気な声が正門で交わされていました。７時58分の突然の揺れは、いつもの朝の空気を打ち破り、子どもたちに大きな恐怖を与えました。大阪北部地震です。

阪神・淡路大震災を経験した私は、建物やブロック塀から少しでも子どもたちを離すために「こちらにおいでー！」と大声で叫んでいました。子どもたちと肩を抱き合い、その輪はどんどん大きくなりながら揺れが収まるのを待ちました。全員の安全が確認できたところで、地区ごとに一斉下校をし、家に大人がいない場合は再び学校に戻り教職員とともに過ごし、保護者のお迎えを待ちました。当然給食は届きません。学校に残った子どもたち60人ほどの昼ご飯を確保するために、教職員は校区のコンビニに走りました。午後6時に最後の一人が帰宅することができました。

体育館には地域の方10人ほどが避難していました。地震が来ればエレベーターは止まります。緊急物資は空き教室など、学校にとって使いにくい不便な場所に保管していることが多いのです。当日、４階から体育館に物資を下ろすのにどれほど苦労したことでしょうか。避難してきた方の多くは、家に一人でいるのが不安な高齢の人たちです。杖をついている人、車イスの人など、避難所で特別な配慮の必要な人ばかりでした。この人たちと一緒に物資を運ぶのは不可能です。この出来事から、地域でも避難所開設のための研修が必要であるという声が上がり、地域各団体の代表、学校から私が出席し、防災の専門家を招いて研修会を持ちました。

多くの人が避難してきた場合、体育館にどんどん人を入れてしまうと、誰が避難してきたかわからなくなり避難所として機能しなくなってしまう。受付を設け、体育館にカラーコーンを置くなど通路の確保をしましょう。仮設トイレの位置は体育館の風下に。ペットを連れてきた人は……と、緊急時にやることは数限りなくあり、体育館だけを避難所として考えていると対応に行きづまり、大混乱になってしまうことが予想され、対応できるのか参加者は不安になってきました。

誰もが被災者である可能性もあるなかで、この多岐にわたる対応が誰にできるのでしょうか。研修の結果は、われわれ素人では無理だという結論になってしまいました。しかし、大事にすべきことにも少しは気づくことができました。日本語のわからない人への対応マニュアルや案内表示はあらかじめつくっておく必要があること。そして、障害のある方々が避難所で安心して過ごせる状況をどうしたらつくれるのかなどについて、議論が白熱しました。

参加者の思いは、自分が通っている学校、あるいは通っていた学校へ避難できることが最も安心できるということでした。避難の前提として、地域の方々と知り合いであるかどうかも大違いです。まさに、地域の学校でともに学び生活してきたという経験が、災害時にどう生きるか、どう対応するかの最も基本の部分であることに、誰もが気づいていきました。

被災地において、避難所が初めての場所でパニックになってしまったり、周りから迷惑がられ、排除された人がいたケースがあるとも聞きます。誰もが排除されない、人とのつながりから災害に強いまちづくりを考えたとき、子ども時代に地域でともに学びともに生きることなしに、防災についても考えることができません。地域における人間関係が、命を守るという点で欠かすことができないのです。

保護者の意向を最大限尊重する行政の責任

2010年に内閣府に設置された「障がい者制度改革推進会議」は「障害者制度改革の

推進のための基本的な方向（第一次意見）」において、「障害の有無にかかわらず、すべての子どもは地域の小・中学校に就学し、かつ通常の学級に在籍することを原則」とするとしました。これを受け、就学制度について議論を行った文部科学省の「特別支援教育の在り方に関する特別委員会」の報告において、「本人・保護者の意見を最大限尊重し、本人・保護者と市町村教育委員会、学校等が教育的ニーズと必要な支援について合意形成を行うことを原則とし、最終的には市町村教育委員会が決定することが適当である」とあります。しかし現実にはたして最大限尊重されているのか、憂慮するところです。

２０１３年には学校教育法施行令が改正され、文部科学省の「学校教育法施行令の一部改正について（通知）」（平成25年9月1日）によると、就学先の決定について「市町村教育委員会が、本人・保護者に対し十分情報提供をしつつ、本人・保護者の意見を最大限尊重し、本人・保護者と市町村教育委員会、学校等が教育的ニーズと必要な支援について合意形成を行うことを原則」とすることとなりました。

この流れを見たとき、豊中につとめる私たちは、ようやく国としても、地域でともに学ぶことの重要性に気づき、法的対応も進んでいくものだと、前向きに考えていました。それに伴い、すべての子どもが通常の学級に在籍し、学ぶための条件整備も進んでいくと認識していました。

しかし、文部科学省は「保護者の意向を最大限尊重する」とは言いながら、法制度上、最終的には学校設置者である教育委員会が決定することとしています。そうであるならば、市町村教育委員会には、能力主義から解放された柔軟な姿勢を示し、条件整備をすすめ、制度の枠のなかで最大限の工夫をし、子どもたちの学ぶ権利を保障していく責任があるのではないでしょうか。

現状は本人・保護者の意見を聞き、その意見を最大限尊重しながらも、通常学級での就学の適否を判定しているに等しい対応で、結果的に保護者を説得するという50年前、60年前と変わらないことが行われています。このように個々に行われる対応について、保護者が外に向かって語ることがほとんどなく、子どもの権利が保障されていない現状が、表に出ることなく多くが埋もれてしまっている可能性があります。あきらめていると言ってもいいかもしれません。

社会の矛盾が子どもたちの姿を通じて噴き出ている現状に、教育の世界にいる私たちが、どう立ち向かっていくか、世間は期待を抱いているでしょうか。教育以外に求めているということがないでしょうか。「教職に就いたわれわれが、教育の枠外に置かれた子どもをほっとけるか」と熱い思いですぐに行動に移していった先人の姿を追いかけることぐらいは、まずやってみましょうということです。

〈注〉

①高等学校のカリキュラムや授業内容を工夫し、知的障がいのある生徒がともに学び、人間関係を深めていくことをめざす。

②職業学科を設置する大阪府立知的障がい高等支援学校を本校として、共生推進教室を府立学校に設置し、両校の連携・協力のもと、高等支援学校の生徒が高等学校の生徒とともに学び、人間関係を深めていくことをめざす。

③「障害」をもつ仲間とともに歩む豊中若者の集い。１９８５年から23年間続いた。豊中市内のすべての中学校に呼びかけ、夏の交流会と11月の大会を行ってきた。

第5章

すべての人の学びを保障する——夜間中学校

北摂でただ一つの夜間中学校

豊中市には北摂（大阪北部）で唯一の夜間中学校（豊中市立第四中学校夜間学級）が存在します。開校から50年（1975年開校）を数える歴史を見たとき、1970年代に豊中では人権を保障する運動が大きく盛り上がり、今に続く教育のかたちが形成されていったことがわかります。そこには、義務教育段階の子どもたちの学力保障・進路保障にとどまらず、すべての人たちの学びについて保障していこうとする豊中の先人の姿勢が表れています。

夜間中学校は、小学校や中学校を卒業していない人たちに対して、行政が責任をもって義務教育の保障をしていく場ですが、社会的にその存在がどれほど認知されているかと言うと、はなはだ不十分であると言わざるを得ません。

私が教頭としてつとめた２０１４～２０１７年度当時、全国に公立の夜間中学校はわずか32校しかありませんでした。それも大阪に11校、東京に8校で、全国的に見るとその存在が知られていないのは当然と言える状況でした。

私がつとめていたときの夜間中学校は、在籍生徒が30人前後、年齢は19～79歳、日本も含め8ヵ国の生徒が学んでいました。授業は午後5時40分～午後9時まで。1時間の授業時間は40分、2時間目と3時間目の間に30分間の休憩があり、その間にパンと牛乳の補食給食があります。授業は昼間の中学校と同じ9教科あり、生徒の状況に合わせてクラス分けを行い授業を進めています。

さまざまな事情で中学校を卒業していない生徒たちに、入学前の面談で話を聞いていると、夜間中学校が担う社会的責任の重さを感じざるを得ません。また、社会の矛盾が凝縮しているのが夜間中学校であるとも言えます。

先生はええな

夜間中学校は大人が学んでいる学校ですが、もめごとは起こります。授業中に1人の生徒が先生に注意されたことが発端となり、2人の生徒が激しくぶつかったことがありました。2人を引き離し、私は激しく興奮している生徒と別室で向き合いました。すでに状況は把握できていたので、厳重に注意をして終わろうと思っていました。しかし、生徒の発言から思わぬ展開となっていったのです。

「先生な、人生経験は俺の方があるんや。世の中のこともようわかってるんや」と私の目を見て言ったのです。しかし、その後突然涙を流して「先生はええな、大学出させてもらって。わしももうちょっと後の時代に生まれたかった」と話は続いていきました。

戦後、一家が生きていくために小学校に入ったばかりの自分も働かなくてはならなかった。朝登校する近所の小学生の姿を家の隙間からじっと見つめ、みんなが登校した後リヤカーを引いたことなどを語りました。そしてきっぱりと言いました。

「先生、学校は教科の勉強をするだけやないんやなあ。人とどうしたらうまくつき合えるかを身につけていくところなんやなあ。おれも、行くべき歳のときに学校行きたかった！」と最後は叫ぶように言い、大泣きしたのです。

私は、ただ「うん、うん」とうなずくしかありませんでした。

修学旅行は行きたくない

夜間中学校にも修学旅行があります。しかし、仕事の関係や年齢のため泊を伴う旅行が困難な生徒もいるので、日帰りです。

ある年、１人の生徒が「旅行に行かない」と言いました。理由を聞くと、最近とくに足の調子がよくないので、皆さんに迷惑がかかるということです。車イスがあるので、リフトつきバスを使えば、周りに気を遣うこともないと伝え、何とか旅行に行く気持ちになることができました。

リフトつきバスをチャーターするとなると、一般のバスよりも高額になり、差額を負担しなくてはなりません。バス代は生徒の個人負担ですが、差額は公費で賄えると考えていました。しかし、教育委員会に確かめると公費を当てることはできないとのことです。

差額分を生徒数で割り、それぞれに負担してもらうか、車イスを使用する生徒の個人負担にするかですが、それは、昼間の学校に通う児童・生徒に対しても同じ対応であるということだったのです。

車イスユーザーがクラスにいると、金銭的な負担が増えるというのはどう考えてもおかしいと、ずいぶん訴えたのですがどうにもなりません。

教育委員会とは、今後の課題として重く受け止めることを確認しました。そして翌年、リフトつきバスを利用する際の差額を公費で負担できるようになりました。ただ、その時点では、夜間中学校に通う大人には適用できないという不満は残ったままでした。

その後、夜間中学校でも、公費で負担できるようになりました。

最後の学ぶ機会であったのに

その日も入学希望の電話の対応をしていました。年齢は80歳。義務教育を終えていないことがずっと心にひっかかりながら人生を歩んできたそうです。公民館などで学ぶ機会があればと思い市役所で相談したところ、豊中に夜間中学校があると紹介され電話をしたということでした。

ところが、住所を聞くと兵庫県宝塚市にお住まいです。行政間でも入学等の条件について十分に把握されていないことがわかります。大阪府内の夜間中学校には、大阪府民しか通うことができません。その旨をお伝えし、尼崎市にある成良中学琴城分校を紹介し、私がまず連絡を入れ、入学を考えることをお勧めしました。

しかし、宝塚から豊中へは阪急電車で通うことができるのですが、宝塚から尼崎は、南北のバスか、阪急電車で梅田に出て阪神電車に乗り換えなければなりません。ずいぶん時間がかかり、歩く距離もかなりあるので、結局入学をあきらめてしまわれました。

豊中への入学は無理ということで、連絡先を聞かなかったのですが、その後、他府県在住でも事情によって入学が可能になりました。連絡先を聞かなかったことが悔やまれます。これが、その方が学ぶことができる最後のチャンスであったかもしれません。

わたしバカにされたくないんです

ひとりの女性が夜間中学で学びたいと学校を訪ねてきました。知的障害のある方でした。スーパーで品出しの仕事をしているが、棚を間違えて商品を置いたり種類を間違えることがあるそうです。そのたびに言われる「またか」という言葉が悔しくて悔しくて、勉強して言われなくなりたいと切実に訴えられます。

その真剣さに何とかしたいと思いましたが、当時は中学校を卒業していると入学を許可できなかったのです。現在、ほとんどの人は、学校に登校していなくても、十分に学べていなくても卒業認定がされ、卒業証書をもっています。この女性も卒業しており、入学できませんでした。

その落胆した姿を見て、学びたいという今の気持ちを大事に思いながら、叶わない歯がゆさに、とてもつらい思いをしました。ひとつの学びが、人の心にある障壁を崩す力になる可能性があるのですから。

どうせあかんねやろう

就労支援センターの職員から、入学希望者の紹介の電話がかかってきました。面談の日時を決め、その日が来ました。職員とともにやってきたのは40歳前後と思しき男性。常に斜め下を見つめ、私と視線を合わせようとはしません。どう見ても入学を自ら考えているようには見えません。

職員の話では、家庭の事情でほとんど学校に行けておらず、義務教育段階で学ぶということができなかったそうです。職場を紹介し働き始めるが、人間関係がうまくいかなかったり、仕事が合わないなどの理由で仕事が続かないということです。そんなときに、中学校を卒業していても不登校などで十分に学ぶことができなかった場合、夜間中学校に入学が可能になったというニュースを職員が見て、問い合わせたということです。

今、働くということよりも、時間はかかるけど改めて学ぶ機会をつくり、そのなかで人間関係についても経験を積んでいくことが大事ではと判断したということでした。

私は、授業の時程や行事などについてひととおり説明し、ぜひ一緒に学びましょうと伝え、入学の意思を固めてから再度の連絡を待つということで面談を終えました。職員の熱心さに比べ、当の本人は、人の話を聞いているのかどうか、終始斜め下を向いて険しい表情をしているのが気になりました。

その後1週間経ち、2週間経っても何の連絡もありません。このまま終わるわけにはいきません。私は状況を確認するために、就労支援センターに行きました。本人は、入学したい気持ちはあるけれど、どうせ相手にしてもらえない、また断りの連絡が来るんだろうと投げやりになっているということでした。これまで働くための面接で、うまく理由をつけられ断られた経験の積み重ねで、何の展望も持てなくなっているようでした。

そこで、本人を何とか説得して体験入学を経験しようということにしました。学校生活を経験したうえで、「入学したい」という気持ちにならないようなら、入学はあきらめればよい、ということです。私のなかには、「1日学校生活を経験すれば、入学したくなる。それが夜間中学校だ」という確信のようなものがありました。

体験入学の日も硬い表情でやってきました。投げやりな態度です。しかし、補食給食をはさんだ3、4時間目の授業での表情は、最初とはまったく違ったものでした。

その後の面談で「入学させてください」とはっきりと自分の意思を明らかにしました。話を聞くと、あんなに親切にされたのは生まれて初めてだと、とてもうれしそうに語ってくれました。補食給食の際に「パンの袋開けられるか？　開けたろか」「ジャム開けられるか？」「牛乳の瓶はここに置きや」など、周りの生徒が一つひとつ世話をやいてくれたそうです。世間は冷たい、相手にされてないなどと思ってきただけに、こんな世界があったんだと感激したそうです。

入学後、人間関係でもめることもありましたが、人に頼ることができるようになったこと、そして自分も人のために行動したいと動き出したことは、ともに学ぶなかから心のなかに芽生え、成長してきたものであると思っています。

入学後の会話で分かったことについて、深く受けとめなければならないことがあります。学校に対して不信感を持ったのは、小・中学校時代に学校に行けなかったときのことではなく、その後何年も経って大人になってから、なつかしさもあり出身中学を訪ねたそうです。そのときの学校の対応が、「当時の先生、誰もいないわ」だけ。後はほったらかしであったのです。

中学校時代に学校に行けなかった自分に、十分な声かけや一緒に悩んでくれるということもなかった当時の学校と相まって、学校というものが自分を受け入れない場所として、ますます遠いものになっていったということです。

もっと夜間中学の存在を知ってもらわな

遠足で水族館に行くことになりました。下見の日程など詳細を確認するために電話を入れると、予想外のところで話が進まなくなってしまいました。夜間中学校ですので、当然生徒は中学生料金で入場できると考えていました。ところがことは簡単にいきません。生徒は大人であることを伝えたとたん、様子がおかしくなったのです。

「中学生と言っても大人ですよね。そうであれば大人料金です」と言われました。しまいには、突然、中学生料金は15歳までですなどと、これまでなかったはずの話が出てくる始末。

「夜間中学についてしっかり調べて検討してください」と、再度の検討をお願いしました。数日後電話がかかってきました。「失礼いたしました。夜間中学校について調べ、検討した結果、中学生の料金で入場いただくのは当然であると判断しました。」

そのとおり、当然です。しかし、相手を責めることはできないと思います。それほど世間に夜間中学校が知られていないのです。夜間中学校につとめていることを伝えると、返ってくるのは「夜間高校におつとめですか」の言葉です。駅前で夜間中学校の生徒募集のビラを配っていると、受け取った人から「私は大学出てるんですよ、なぜ中学校の勉強せなあかんのですか」とどなられることもあります。

文部科学省は、少なくとも各都道府県の県庁所在地に1校は夜間中学校を設置しようという方針を出しています。簡単にはいきませんが、自主夜間中学校が公立の夜間中学校として運営されるようになるなど、少しずつ学びの場として広がりが見られます。行政の責任として、すべての人の学びの保障に主体的に責任を果たすことが強く望まれます。

資料編　豊中の障害児教育の歴史

就学猶予・免除となっている子どもの存在

１９７８年に制定された「豊中市障害児教育基本方針」の前文によると、１９５２年６月に豊中市立教育研究所に障害児のための相談室を開設するとともに、障害のある子どもを受け入れる学級を設置したと記されています。翌年以降、教育委員会は障害児教育に本腰を入れ、障害児学級の増設をはじめとして条件整備を進めていきました。１９６６年に教育委員会は特殊学級判定委員会を設置し、診断委員会で科学的資料を整え、決定委員会で入級の適否を決めたようです。

このような状況のなか、豊中市教職員組合は１９７１年10月に障害児教育を全教職員の課題にするため、「〝障害〟児教育委員会」の設置を代議員会で決定し、本格的に取り組みを始めました。当時、組合の組織率はほぼ１００％で、教育の課題を教職員が孤立することなく、常に組織として取り組むことができたのは大きな強みでした。

そこで問題として浮かび上がってきたのが、重度の障害のある子どもの不就学（就学猶予・就学免除）についてです。正確な人数さえ把握されておらず、教育の枠の外に置かれている状況でした。すでに解放教育の取り組みが進んでいた豊中においては、それを人権課題としてとらえたのです。１９７１年12月に制定された「豊中市同和教育基本方針」の学校教育の項４に、わずか15行ですが、「障害児教育」が取り上げられています。

同和教育を推進するうえで、障害児が人間として生きる権利、教育を受ける権利を保障することは重要な課題である。障害児の生活を守り、その社会的自立をめざし、障害の種類と程度に応じた教育内容と方法が創造され実践されなければならない。

しかし、現在まで、担当者による実践の積み重ねや問題の提起はあったとしても、障害児教育全体の充実にまで発展しなかった。すなわち、教育条件の不十分さと一般的な理解の不足などから、学校教育の中での正しい位置づけがなされないばかりか、重症障害児が教育を受ける機会の保障もきわめて不十分であり、父母や子どもの強いねがいを実現するに至らなかった。

したがって、障害児教育の総合的な推進をはかり、障害児の社会的自立への手だてを明らかにしなければならない。そのためには、系統だった教育施設の整備をすすめるとともに、関係者の研修機会を拡充するなど総合計画を樹立し、教師・父母・地域・医療関係者が一体となって推進しなければならない。

50年以上前に、教育を受けることを権利としてとらえ、それを保障しようとする態度を明らかにしながら、教育条件、「障害」児に対する社会の見方などの不十分さを指摘し、子ども・保護者の願いに寄り添い続けようと模索する姿勢は非常に先進的であったと言えます。

重度重複身体障害児学級「ひろがり学級」の設置

豊中では、1970年ごろまでは学級設置校へ障害種別ごとに越境通学をしていました。すべての子どもの学ぶ権利を保障することをめざしていた教職員組合は、1971年までは「豊中市にも養護学校を」という要求を豊中市に対して行っていました。

一方、就学猶予・免除となっている子どもの存在に気づいた教職員は、その存在について教育委員会に対して資料の提供を求めましたが、十分に把握できていない状況でした。

その後、30人を越える子どもたちが、就学猶予・免除という教育の枠の外に置かれている現状が明らかになりました。1972年、豊中市同和教育研究会夏季宿泊研「障害」児教育分科会において、不就学児の問題が提起され、改めて教職員の共通課題となっていきました。翌日すぐに教職員組合、同和教育研究会、豊中市進路保障委員会が合同で、不就学児の家庭訪問を行い、このとき校区の学校で子どもたちの学ぶ権利を保障する取り組みが始まっていったのです。

教育委員会の職員と思ったのか、「今までほったらかしにしておいて、今頃何しに来たんや」などの保護者からの厳しい声を受けながらも、つながることができた保護者もあり、「不就学児親の会」を発足させていきました。1973年1月からは、親の会の保護者と教職員が一緒に家庭訪問を続けました。そのなかで、新たに名簿から漏れていた不就学児も見つかりました。2月、教職員組合と親の会が合同で対市交渉を行い、「何としても子どもを校区の学校へ入れるんだ」という強い思いを豊中市にぶつけていきました。

豊中市は1973年5月、島田小学校に初めて重度心身障害児学級「ひろがり学級」を設置し、通学用にタクシー8台をチャーターしました。11月には西丘小学校に重度心身障害児広域学級3学級を設置し、就学猶予・免除になっている8～16歳12人を受け入れ、通学用にタクシー6台をチャーターしました。1974年4月には西丘小学校に、6月には刀根山小学校に「ひろがり学級」を設置しました。

ですが、保護者にとってみれば、小学校入学前には一緒に遊び、人間関係ができていたにもかかわらず、なぜ校区の小学校に行くことができないのか、生まれ育った校区の学校に行くのが当たり前ではないか、などの強い思いがありました。それを受け、地域の学校への就学が大きな課題となりました。「重度・重複」の子どもたちが通う「ひろがり学級」のなかから校区の学校への通学を望む親子も現れました。

養護学校義務化への反対運動

そのような保護者の当然の思いを受け、豊中市教職員組合は、教育委員会に対して各学校に障害児学級を設置する要求を行いました。しかし、それは場所の確保、人の確保を要求することであり、原学級保障とは矛盾する対応であるという、悩ましい現実でもありました。

1974年4月1日制定の「豊中市障害児保育基本方針」では、「3．障害児保育の目的（2）」で「集団保育の中で人間尊重の精神を乳幼児から培い、児童の豊かな人間形成を目指す」とあり、「4．障害児保育の推進（1）」で「ひとりひとりが生かされ、育てられる教育の基本理念は、すべての児童が相互にかかわりあって、お互いの存在を刺激しあい、育ちあう場でなければならない」とあり、小学校入学前に集団のなかでともに育つ重要性をうたっています。

ですが、「1．障害児に対する基本的態度」では、「無差別平等の原則に立つ障害児保育は、苛酷な障害を克服し、児童を健全に育成する使命をもっている」との記述があり、障害の克服を個人に求める、当時の「障害」児教育の限界もそこにはありました。

1979年、養護学校義務化に向けた動きに対して、豊中においては、反対の動きが出ていました。養護学校義務化は、子どもたちの学ぶ権利を完全に保障しようとする、豊中の運動に逆行するものとしてとらえたのです。豊中市教職員組合の当時の運動方針にある、障害児教育に対する基本姿勢3点は、教職員の熱を感じるとともに、教職員にとって非常に厳しいものであったと想像できます。

○「障害」児・者とその父母のねがいに立ち切る。
○自らの苦しさゆえに妥協したり、途中で投げだしたりしない。
○一部の担当者や「活動家」のみでなく、組織をあげてとりくむ。

「これまで、就学猶予・免除という形で彼らから学校と言う場を奪ってきたことは生きることを奪ってきたことである」の言葉は、現在にも生きる重い言葉です。

記録映画「たとえば『障害』児教育――豊中の教師と子どもたち」

1978年1月、教職員組合を通じて、小学校数校に映画撮影について打診が行われました。教職員はランル舎（映画製作会社）の申し出に、「現在とりくんでいる『障害』児教育について人に見せるようなこともないし、といって拒否する理由も思いつかない」と考えていたようです。ただ、この映画が1979年の養護学校義務化に対して、少しでも抵抗の力になれるならとの期待があったのは事実です。

1979年夏、記録映画「たとえば『障害』児教育――豊中の教師と子どもたち」が完成し、上映運動が始まりました。反響は非常に大きく、豊中の障害児教育が注目されましたが、この映画で十分に子どもや教職員の思いが伝わるのかという映画の限界も感じていたようです。

映画を見た人が、この豊中の教育が真実であるかを確かめに来たこともあったと記録にあります。ともに学校生活を送る子どもたちと教職員、そしてその保護者の姿を誇張することなく描くこの映画が、どうして大きな反響を呼んだのでしょうか。

一つ言えることは、日本の教育が、いかに「当たり前」が通らない世界であるかということです。「当たり前」にも達していない教育の現状に、この映画が、現在教育に携わり

「ともに学び　ともに生きる」教育に取り組む私たちにとって、大きな力となっていることは間違いありません。

豊中市障害児教育基本方針の制定

１９７８年9月8日に「豊中市障害児教育基本方針」が制定され、障害のある子どもの学ぶ権利を保障する取り組みの根拠となっていきますが、その前文では、今後対応していくべき多くの課題について触れられています。少数ではあるけれども、依然存在する未就学の在宅障害児の教育保障や障害の多様化、重度・重複化に対応する幼・小・中の一貫した教育内容や方法の確立、また、後期中等教育への展望、労働・福祉・医療関係機関との緊密な連携・協力などです。

さらに、障害者問題についての認識をどう深めていくかなど、現在の課題とどれもが重なるものです。基本姿勢として「1．障害を有するすべての児童の教育を受ける権利が、完全に保障されるように努める」「2．障害を有する児童は、それぞれの校区の学校に就学し、その学校の教育目標にしたがって、所属学級・障害児学級で教育を受けることが望ましい」「3．障害を有する児童が、所属学級等の健常な児童と共に生活し教育を受け、共に成長発達することは望ましい」とはっきりと示したことが、その後の豊中の障害児教育の方向性が明示された点において、非常に大きな意味があったと言えます。

通常の学級で障害のある子どももともに学ぶために当時の障害児学級担任は、通常の学級への「入り込み」というかたちで、すべての子どもが一緒に学ぶ「ともに学ぶ」教育を進めようとしました。いわば、制度の枠のなかでうまく運用してきたと言えます。

しかし、この基本方針も、時代とともに「障害は克服すべきものなのか」「自立とは自分でできないことは頼むことができる人間関係を、自分が住む地域でたくさん持つことではないのか」などの議論を重ね、「発達課題を克服」や「自立」などの言葉のとらえ方に違和感が出てきたため、２０１６年に改定版が策定され、現在に至っています。

「ともに学ぶ」の現実を問う声

１９７８年12月、市は「ひろがり学級」を中学校にも開設するための予算を計上し、第二中学校、第六中学校に設置しました。翌年６月には、障害児学級を担当する教職員を対象に短期集中研修講座を開講し、障害児教育の推進を図っています。

１９７９年に養護学校が義務化となり、重度・重複の障害児も養護学校に入学できるようになりました。すでに、就学猶予・免除が原則廃止されており、不就学の解消が進みましたが、全国的にみると、障害のある子どもが通常の学級から排除されることも起こってきていました。

豊中では、研究会の「障害」児教育分科会に、保護者や「障害」のある当事者の参加もあり、「ともに学ぶ」と言いながら交流の域を出ていない現実に対する厳しい指摘もありました。

１９８５年、「障害」をもつ仲間とともに歩む若者の集いが始まり、その取り組みは２００８年まで23年間続きました。運営は市内の中学校の卒業生が担い、このころ市内の中学校において「障害」のある仲間とつながろうとサークルが結成され、若者の集いに参加する中学校単位の母体となっていきました。

また、豊中の障害児教育に大きな影響を与えてきたのが、考える会（「障害」児・者の生活と進路を考える会）の存在です。40年以上前に、豊中市内の保護者を中心に組織され、小・中学校の教職員もかかわり、主体的に課題を解決することを目指しました。毎年行う講演会や、毎月の定例会では、他団体との連携を大事にしていることもあり、広く自由に人が集まり、現在も連帯の輪が広がっています。

特別支援教育、そして4・27文科省通知

21世紀に入り、「特別支援教育」という呼称が使われるようになり、２００６年に学校

教育法が一部改正され、２００７年より「特別支援教育」が実施されることとなりました。それに伴い、対象となる子どもが拡大していくこととなりました。

２０２２年４月27日に文部科学省は「特別支援学級及び通級による指導の適切な運用について（通知）」を各都道府県教育委員会に通知しました。いわゆる４・27文科省通知です。前年度に行った一部の自治体を対象とした調査により、特別支援学級に在籍する児童・生徒が、大半の時間を交流及び共同学習として通常の学級で学び、障害の状態や特性および心身の発達の段階等に応じた指導を十分に受けていない実態があり、「交流」の側面のみに重点が置かれていると考えたことによります。

そのうえで、原則として支援学級在籍の児童・生徒は、週の授業時数の半分以上を目安として特別支援学級で一人ひとりの障害の状態や特性および心身の発達の段階等に応じた授業を行うこととしました。

２０２２年の国連勧告

２０１４年、日本政府は国連障害者権利条約を批准し、１４１番目の締約国となりました。締結までに、国内法制度改革を進め、障害者基本法の改正、障害者総合支援法や障害者差別解消法の成立、障害者雇用法の改正など、さまざまな法整備を行い、ようやく批准の日を迎えたのです。

その後、障害者の人権保障の取り組みが強化され、2022年8月にスイスのジュネーブで日本の実施状況について初めての審査が行われ、9月には国連障害者権利委員会から初めての総括所見が出されました。

とくに教育に関しては、障害のある子どもを分ける分離教育を見直し、インクルーシブ教育を実現するための行動計画を策定するように日本政府に勧告が出されました。その勧告に対して十分に応えることができていない状況があるのは周知の事実です。

豊中で「通級指導教室」が設置

2022年度の3学期に入り、2023年度から豊中で全小・中学校、義務教育学校に「通級指導教室」が設置され、担当者が1人配置されるという情報が入ってきました。2022年度には小学校10校、中学校5校で「通級指導教室」が開設されており、自校通級、他校通級、巡回指導のかたちをとり、言語や発達に課題のある支援学級に在籍していない児童・生徒の対応をしていました。それが、翌年一気に全校で開設ということはあり得ないと考えていました。しかし、予定どおり全校で開設され、担当者が年間15回の研修を受けながらのスタートとなりました。

豊中市教育委員会の「通級指導教室実施要綱」２条には次のようにあります。

言語障害、自閉症、情緒障害、弱視、難聴、学習障害者（以下「ＬＤ」という）、注意欠陥多動性障害（以下「ＡＤＨＤ」という）、肢体不自由、病弱及び身体虚弱の児童生徒であり、かつ、通常の学級での学習におおむね参加でき、一部特別な指導を必要とする程度の者とする。ただし、支援学級在籍児童生徒は対象外とする。

この要綱に基づくと、通級指導教室に通う子どもは、通常学級に在籍し、通常学級での授業を中心に一部通級指導教室でも授業を受けるのが一般的だと考えられます。しかし、南桜塚小学校では、支援学級在籍の子どもと同様に、１００％通常の学級で授業を受けながら、放課後の時間帯に通級指導教室で、１対１の個別指導や複数でのグループ指導を受けることを原則としています。遊びも取り入れながら言葉の教室として発音・発声練習や人間関係づくりを意識したプログラムを組み、子どもたちは積極的に楽しみながらにぎやかに取り組んでいます。子どもに時間的な負担がかからないように、保護者も交えて時間調整を行い、お試し期間を持ちます。子どもが、通級指導教室で時間を過ごしたいという気持ちを大事にしています。

一方、豊中市内に新たに支援学校建設が予定されており、また学びの多様化学校（不登校特例校）の建設も決まっています。子どもたちを地域から分離する教育が進められるのではないかと危惧する声も上がっています。新たに学校ができるということであれば、どのような願いを込めた学校としてスタートし、育てていくかが問われるのであり、そこには子どもの最善の利益を追求する厳しい議論の存在が欠かせません。

おわりに

豊中の教職員は、長年にわたり豊中の教育を維持し発展させようと、当たり前の奮闘をしてきました。強い覚悟をもってとか、教育改革をなどと叫ぶことなく、子どもの生活の背景を踏まえて、その時々に学年や校内で議論をし、悩みながら子どもたちと向き合ってきました。

将来を担う子どもたちの心を痛めつけ壊すわけにはいかない、追いつめ苦しめる教育であってはならないと、ひたすら「ともに学ぶ」教育、「ほっとかへんで」という教育を進めてきたということです。「当たり前を大事にし、当たり前にやっていく」――それでどこまでも続けていくはずでした。

ところが、2022年の1学期が終わろうとする頃から、多くの方が豊中を訪れるようになり、全国の現状を知るところとなりました。私が出会った限られた方々との話から、「全国の現状」について判断するのはあまりにも早計であるかもしれません。

しかし、「ともに学び　ともに生きる」という当たり前が、全国では当たり前でない現状があることに、私は驚きとともに大きな違和感を持ちました。効率を求め、子どもの成長を急かし、早く社会に役立つ人間に育てとばかりに、教育をいじることに違和感を覚え続けています。

子どもの現実から出発するという教育の基本に改めて立ち返り、議論を重ねる必要を感じます。今は、「現状を変える」というよりも、その前に「現状を知る」ことが必要であると思っています。豊中への訪問を待つだけではなく、こちらからも出向き多くの方々と出会い、つながり、現状を共有しながら地道に教育課題に当たっていきたいと考えています。

地域の学校に通い、通常の学級で過ごすことを基盤として、維持・発展してきたのが豊中の教育です。みんな一緒に生活してきたからこそ、言葉を覚え感情豊かに成長してきた子どもたち。支援学級に在籍する子どもたちであれば、なおさらできるだけ幼いころから子どもたちが出会い、対等な関係を築くことが重要です。

それが地域で当たり前に生活できる環境づくりにつながっていきます。車イスで移動する人や白杖を持つ人を見れば意識をし、重い荷物を持って階段の上り下りに苦労している姿を見れば当たり前に声かけをし、荷物を持つ子どもたちです。そんな子どもの姿に成長を感じ、「ともに学ぶ」教育を当たり前の教育として理解する保護者とともに豊中の教育はあります。

視察に訪れた多くの方々が、豊中の支援教育（豊中方式）に共感していただけるのですが、取り組みを進めようとしても、簡単にはいかないと聞きます。学校の現状において、また負担をかけられるのかとの思いが教職員のなかにふくらみ、いっこうに前に進みません。

とにかく人がつながり地域の歴史を踏まえ、教育を変えるというよりも、ゆっくりと維持・発展をめざすという意識で取り組むことだと思います。

まだまだ成長を続ける必要のある豊中の教育において、日々、これもできるのではないか、これが必要ではないかと積み上げる日常が続きます。自分たちで悩みぬき一つひとつつくりあげ、そのときそのときのベストで子どもと対することだと思います。

そうすると、おのずと修正や新たに加えることに気づき、取り組みが少しずつ成長していきます。時間とともに、その地域に合った、その時期に合った取り組みが形成されていきます。

私の経験から、研究会でどんなすばらしい実践報告に出会い自校に持ち帰っても、そのままに実践に移せたことがありません。どんなにたくさん売れている本から学んでも、それを実行に移せたためしがありません。

原点は、悩みながら生み出すということです。そして、それは学校として教職員が心を一つにして取り組むことであり、個人の実践にしてしまわないことです。

とりとめもなくつづった本書が、障害の有無だけではなく、国籍の違い、家庭環境の違いなど、違いを尊重し認め合える環境のもと、すべての子どもたちが安心して学び生活できる学校づくりの参考になれば幸いです。

最後になりましたが、本書の執筆を勧めてくださり、ていねいに指摘・支援をいただいた教育開発研究所の岡本淳之さん、表紙絵を描いてくださった絵本作家の中川洋典さん、関係の皆様にはたいへんお世話になりました。心より感謝申し上げます。

〈参考文献〉

小国喜弘（編）『障害児の共生教育運動』東京大学出版会、２０１９年
小国喜弘『戦後教育史』中央公論新社、２０２３年
桜井智恵子『子どもの声を社会へ』岩波書店、２０１２年
池田賢市『学びの本質を解きほぐす』新泉社、２０２１年
二見妙子『インクルーシブ教育の源流』現代書館、２０１７年
豊中市史編纂委員会　学校教育部門『豊中市教育関係年表』豊中市市長公室市史編さん課、１９９１年
『ともにまなぶ　ともに生きる』第3号、まっすぐプランニング、２０２０年
豊中市教職員組合『未来を創る　豊中の教組運動　50年の足跡』１９９７年
豊中市立第五中学校『五中同研のあゆみ』１９８６年度
豊中市立第五中学校『ひまわり　１９５２~２００２　創立50周年記念誌』２００２年
豊中市立第九中学校『創立50周年記念誌「結鐘」』２０２０年
豊中市立南桜塚小学校『１９７９年度　とりこぼしをつくらない教育をめざして』
豊中市立南桜塚小学校『２０００年度研究のまとめ』
豊中市人権教育研究協議会『２０２３年度　人権教育　研究活動のまとめ』

［著者紹介］
橋本直樹
大阪府豊中市立南桜塚小学校長

はしもと・なおき
兵庫県尼崎市生まれ。小・中・高校時代を地元の公立学校で過ごし、中学2、3年のときに出会った先生にあこがれ、中学校教員を目指す。
1984年龍谷大学文学部史学科国史学専攻を5年間で卒業後、豊中市立中学校3校で25年間勤める。2年目から、同和教育推進の中心メンバーとして、さまざまな人権課題と向き合い、地域で行われる識字学級にも参加する。
その後、豊中市教育委員会人権教育企画課指導主事、小学校・夜間中学校教頭、小学校長を経て、2020年度から豊中市立南桜塚小学校長。この間、豊中市進路保障委員会・豊能地区進路保障協議会事務局員、豊中市在日外国人教育推進協議会長、豊中市人権教育研究協議会長などを歴任。

子どもを「分けない」学校
――「ともに学び、ともに生きる」豊中のインクルーシブ教育

2025年３月19日　第１刷発行

著　者	橋本 直樹
発行者	福山 孝弘
発行所	株式会社 教育開発研究所 〒113-0033　東京都文京区本郷2-15-13 TEL 03-3815-7041／FAX 03-3816-2488 https://www.kyouiku-kaihatu.co.jp
カバーイラスト	中川 洋典
装幀デザイン	長沼 直子
デザイン＆ＤＴＰ	しとふデザイン（shi to fu design）
印刷所	中央精版印刷株式会社
編集担当	岡本 淳之

ISBN 978-4-86560- 603-4
落丁・乱丁本はお取り替えいたします。定価はカバーに表示してあります。